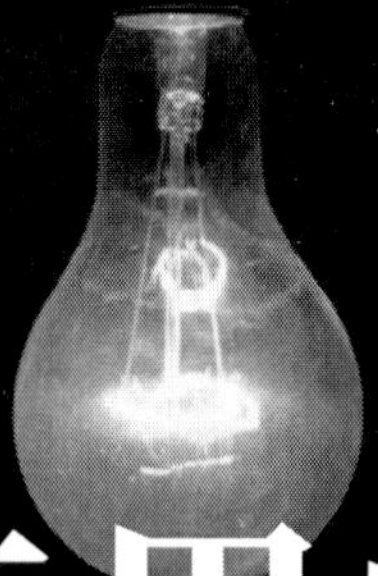

GE奇異的誕生

General Electric Company

從發明燈泡到製造火箭

Thomas
Alva
Edison

潘于真，王志豔　著

如果沒有愛迪生，地球的夜晚還是一片黑暗

多重發報機、留聲機、電燈、電影放映機、蓄電池，

掀起一波又一波的科學革命浪潮——

「雖然愛迪生不發明歷史，但他的發明卻為歷史錦上添花。」

目錄

目錄

目錄

GE奇異的誕生

從發明燈泡到製造火箭

故事導讀

湯瑪斯．阿爾瓦．愛迪生（Thomas Alva Edison，西元一八四七年至一九三一年），舉世聞名的美國電氣學家和發明家，被譽為「發明大王」。他一生共有兩千多項創造發明，除了在電報、留聲機、電燈、電影等方面的發明和貢獻以外，在礦業、建築、化工等領域也都有不少著名的創造成就與真知灼見。

同時，愛迪生還是一位成功的企業家，先後創辦了波普－愛迪生公司、愛迪生電力照明公司、愛迪生奇異公司等，並開始了奇異公司在電氣領域中長達一個多世紀的領導地位。

愛迪生出生於美國中西部俄亥俄州的米蘭小鎮，父親是荷蘭人後裔，母親曾是中學教師，蘇格蘭人的後裔。愛迪生八歲時上學，但僅上了三個月就被老師斥為「低能兒」而攆出校門。此後，母親成為他的「家庭教師」，悉心教育引導他學習成長，使他對讀書產生了濃厚興趣。

十二歲時，愛迪生開始在列車上賣報，並兼做水果、蔬菜生意，並在美國內戰爆發期間創辦了自己的第一份報紙──《先驅報》。

十六歲時，愛迪生學會了電報技術，成為一名報務員，從此走上了一條發明創造的道路。

故事導讀

此後，他又創辦過工廠，並先後建立了門羅公園實驗室和西奧蘭治實驗室，集中精力進行各種發明創造。

有人曾進行過統計：愛迪生一生中的發明在專利局正式登記的就有一千三百種左右。西元一八八一年更是他發明的最高紀錄年。這一年，他申請立案的發明就有一百四十一種，平均每三天就有一項發明問世。迄今為止，世界上還沒有一個人能夠打破愛迪生一生中發明專利的世界紀錄。

在愛迪生那不知疲倦而又卓有成效的發明生涯當中，他為人類掀起了一次又一次的科技革命浪潮：多重發報機、留聲機、電燈、電影放映機、蓄電池，以及針對電話、打字機的重大改進等，都為人類留下了難以計算的財富。

一九三一年十月十八日，這位為人類做出過偉大貢獻的發明家和企業家因病去世，終年八十四歲。在他走完了自己不平凡的一生後，有人這樣評價他：

「雖然愛迪生不發明歷史，但他的發明卻為歷史錦上添花。」

本書從愛迪生的兒時生活開始寫起，一直追溯到他所創造出來的偉大發明及所取得的輝煌成就，再現了愛迪生具有傳奇色彩的一生，旨在讓廣大青少年朋友了解這位發明大王不平凡的人生經歷，學習他那種對理想堅持不懈、對困難百折不撓的堅毅精神。

第一章　頑皮的孩子

偉大人物最明顯的標誌，就是他堅強的意志。

——愛迪生

第一章 頑皮的孩子

（一）

（一）

湯瑪斯．阿爾瓦．愛迪生（Thomas Alva Edison）的祖先是荷蘭人。大約在西元一七三〇年前後，愛迪生家族與其他移民一起，從荷蘭的阿姆斯特丹來到美洲，在紐澤西帕塞克河附近的一個名叫科爾杜維爾的村莊住了下來。

愛迪生的祖父約翰．愛迪生是個「王朝正統主義者」，也就是所屬國的保皇黨。在美國獨立戰爭中，他加入了英國軍隊的遠征軍。英軍戰敗後，約翰不得已帶著全家，跟著一大批被驅逐的保皇黨人，來到了毗鄰加拿大西部邊疆的新斯科舍半島。在這裡，約翰開闢出一個農場，開始了新的生活。

安定下來後，約翰的兒子，即愛迪生的父親，山繆爾．愛迪生（Samuel Ogden Edison），便在伊利湖畔的威恩那城開了一家旅館，生活過得還算不錯。

威恩那城裡有一個名叫南西．艾略特（Nancy Matthews Elliott）的女教師，是蘇格蘭裔的加拿大人。她的父親是個神父，因此南西從小就受到良好的教育。她心地善良，富有同情心，深得眾人的尊敬和愛戴，也引起了山繆爾的愛慕。於是，山繆爾便對南西展開了追求。

西元一八二八年，山繆爾與南西結婚了。婚後不久，他們一起養兒育女，過著寧靜的生活。

然而好景不長，家裡的寧靜生活再一次被激烈的政治事件破壞了。西元一八三七年，加拿大爆發了反對英國君主獨裁的起義，加拿大的資產階級企圖透過實行立憲代議制來奪取政權。山繆爾參加了這次起義，他的旅館也成了本區起義的司令部。

然而，起義很快就被英國殖民者鎮壓下去了，山繆爾的財產也被加拿大政府沒收。山繆爾無奈之下，只好隻身一人隨著一群失敗者逃到了美國。

剛開始時，山繆爾在伊利湖附近的一些城市居住，後來便定居在離休倫河流入伊利湖處不遠的米蘭鎮。

西元一八三八年，在山繆爾的好友，伊利湖著名的船長阿爾瓦．西雷德利的幫助下，南西才帶著孩子們一起搬到了米蘭小鎮，一家人得以團聚。

安定下來後，山繆爾便在當地經營木瓦的生產和販賣生意，同時還做些販賣糧食的生意。山繆爾精力旺盛，從來不知疲倦，而且興趣廣泛，只要對一種事業產生興趣，就會執著追求，直至獲得成功。

生意做得不錯，山繆爾一家的生活也很快有了改善。他們坐落在山腳下的帶有頂樓小屋的紅磚住宅裡，經常傳來孩子們歡樂的笑聲。

南西在與山繆爾結婚後，先後生了七個孩子。在遷居米蘭小鎮之前，南西就生下了四個孩子。此後，她又生了三個。愛迪生是七個孩子中最小的一個。

西元一八四七年二月十一日，享譽世界的最偉大的發明家之一，湯瑪斯．阿爾瓦．愛迪生在米蘭小鎮的這棟紅磚住宅裡出生了。

對於這位新生兒為何會取了這樣的名字，他的家人是這樣解釋的：在愛迪生出生那天，山繆

第一章 頑皮的孩子

（一）

爾的哥哥湯瑪斯恰好來米蘭小鎮做客。為了表示對客人的尊敬，便用客人的名字為新生兒命名。另外，為了對幫助山繆爾一家在米蘭小鎮團聚的阿爾瓦．西雷德利船長，表示感激和敬意，又替新生兒起了中間的名字：阿爾瓦。而母親南西則親暱的稱呼他為阿爾。

愛迪生出生這年，他的父親山繆爾四十三歲，母親南西三十七歲。愛迪生在這個純樸的小鎮上度過了他終生難忘的七年，而米蘭小鎮上也留下了許多關於他的軼事傳說。

（二）

愛迪生出生時，有一雙亮晶晶的灰色大眼睛，看起來很聰明。不過，他的頭特別大，頭髮也很少，身體羸弱，看起來有些弱不禁風，所以父母十分擔心他。但隨著時間一天天過去，小傢伙一天天長大了，體格也漸漸結實起來，父母心中的大石頭這才放下。

愛迪生從小就對周圍的一些物體非常有興趣，總是試圖用手去抓住。他的嘴巴和眼睛動起來時，就好像是成人在思考問題一樣。剛一學會走路，他就不要別人的幫助，自己跌跌撞撞走來走去。

漸漸大一點後，愛迪生表現得更加與眾不同。

「阿爾要比一般的孩子更好奇，並且有一種將別人告訴他的事情付諸實驗的本能，以及兩倍於他人的精力和創造精神。」這是人們對小時候的愛迪生的評價。

愛迪生經常向大人提出各式各樣的問題，這些問題在大人們看來好像不是什麼問題，可是卻常常答不上來。

比如有一次，愛迪生冷不防的問父親：

「天氣為什麼會颳風呢？」

「阿爾，我不知道。」父親回答說。

「可是，您為什麼不知道呢？」愛迪生又問。

第一章 頑皮的孩子

（二）

有時，他還會追在哥哥姊姊身後問各種問題，比如：

「茶杯掉在地上，為什麼會摔破呢？」

「蜻蜓為什麼會飛呢？牠的眼睛為什麼會長在頭頂？」

如果哥哥姊姊回答說不知道，愛迪生就會繼續追問：

「你為什麼會不知道呢？」

諸如此類的問題，常常弄得別人哭笑不得。

對於愛迪生來說，這個世界到處都有數不清的奇異事物，但大人們的回答卻不能令他感到滿足，於是他就自己做實驗，什麼事都想試試。不過，他也因此遭遇了很多危險。四歲的某一天，愛迪生很想知道野蜂窩裡有什麼祕密，就用一根樹枝去捅野蜂窩，結果臉被野蜂螫得紅腫，幾乎連眼睛都睜不開了。

還有一次，愛迪生到儲藏麥子的穀倉裡，不小心一頭栽到麥堆裡，麥子埋住了他的頭動也不能動，他差點死去。幸好被人及時發現，抓住他的腳，把他拉了上來。

有時候，愛迪生還會跑到父親經營的工廠，向工人問這個問那個，最後弄得工人很不耐煩。

「不行，不行！這裡不是小孩子玩的地方，你趕快到別的地方去玩吧！」

等愛迪生離開後，工人們便小聲議論起來。

「這個孩子，頭腦可能有問題吧？」

「可憐的老闆，生了一個腦子有問題的孩子！」

愛迪生被工人們趕走後，又跑到鎮上的造船廠裡。這裡是愛迪生最喜歡的地方。與往常一樣，愛迪生在這裡也是問東問西，向工人們問個不停，有時還不滿足，自己拿起錘子、鉋子等，敲敲打打的。

工人們都覺得愛迪生這樣做很危險。果然有一次，愛迪生鋸傷了左手。

「瞧你！這麼小就敢玩刀玩鋸，所以才會受傷。快走開，走開！」在那裡，愛迪生又被工人們趕走了。

愛迪生還經常到鄰居山繆爾．溫徹斯特的碾坊去玩。有一天，他在溫徹斯特的碾坊，看見溫徹斯特正在用一個氣球做一種飛行裝置試驗，這個試驗讓愛迪生著了迷。他想：要是人的肚子裡也充滿了氣，那是不是也能飛上天呢？那該多美啊！

於是幾天後，愛迪生就找來幾種化學藥品，然後混在一起，準備做個實驗。他叫來父親工廠的工人麥可．奧茲，告訴奧茲，他吃了這些藥後就能升上天。倒楣的奧茲吃了愛迪生調配的化學用品後，幾乎昏厥過去。而愛迪生還堅持認為，奧茲飛不起來是奧茲的失敗，不是自己的錯。

這件事不僅讓愛迪生的父母感到十分頭痛，同時還震驚了附近孩子的父母。他們都紛紛警告自己的孩子，不要與愛迪生一起玩。

當然，愛迪生也因此遭到了父親的一頓狠打，不過這並沒有阻止他強烈的求知欲和繼續做實驗的願望。

有一次，愛迪生在父親的農場玩耍，居然點燃了父親的倉庫，他是想看看火到底是什麼樣的玩意，結果倉庫全部化為灰燼。為此，他自然又是遭到了父親的一頓嚴厲的毒打。

不過，「好了傷疤忘了疼」，小愛迪生後來還是不斷製造出各種麻煩，以至於父親覺得這個孩子恐怕真像別人說的那樣，有點不正常！

（三）

愛迪生六歲的時候，山繆爾．愛迪生的生意經營不下去了，因此一家人的生活日漸清苦。為了另謀發展，山繆爾帶著全家人遷到密西根州的休倫港，住在北郊的格拉蒂奧特堡。

剛剛搬到這裡不久，愛迪生就患上了猩紅熱，並且病了好長時間。在愛迪生生病期間，母親南西不知流了多少眼淚，她真擔心愛迪生會活不下去。要知道，愛迪生是她最小的孩子。在他之前，她已經失去了三個孩子，南西再也承受不起喪子的打擊了。

好在經過持續不斷的高燒之後，愛迪生總算熬過了這場大病。大病初癒後，南西讓他在家休養，沒有送他去上學。後來，愛迪生的耳朵聾了，人們認為這次患上的猩紅熱是導致他耳聾的一個重要原因。

山繆爾來到這裡後，依然從事糧食生意，並兼營木材。當時交易的主要物產，是從休倫港附近的森林砍伐的木材。山繆爾與當地的商人合夥成立了一家木材公司，經營得還算不錯。

從他們在休倫港的家中，可以俯瞰到從休倫湖流出的聖克雷爾河。那是一棟殖民地樣式的紅磚建築，共有十多個房間，客廳中裝著大火爐，後面還有傭人房和馬車房，並擁有十英畝大的果樹園。每年春天一到，樹上就開滿了桃花；到了秋天，葡萄架上還結滿了一顆顆水晶一般的葡萄。

這個地方可謂山清水秀，風景優美，於是，山繆爾就在這個院子裡建立了著名的「愛迪生的

第一章 頑皮的孩子

（三）

巴別塔」（巴別塔是引用《聖經》裡所提及的一個高塔），供人們前來遊覽附近的湖光山色。

這個木製的高塔高約三十公尺，走完螺旋形的階梯到達頂端，可以將休倫湖以及遠近的景色盡收眼底。

塔建好後，山繆爾便吩咐愛迪生去散發傳單，傳單上寫著：

美國第一高塔——在塔上可以看到世界的各個角落

開放供遊客參觀，門票僅收二角五分

傳單一發出，前來參觀的人多到需要排隊才行。愛迪生就成為這個塔的小小管理員，每天向參觀者收取門票。

在參觀人數多的時候，每天可達到五六百人，所以小愛迪生每天都十分忙碌。過了些日子，來參觀的人少了，愛迪生就建議父親降低票價。父親山繆爾採納了愛迪生的建議，將門票降到每人一角，可是前來參觀的人還是不如以前多。

其實，參觀的人減少的原因並非門票太貴，而是由於巴別塔原是山繆爾請鄰居幫忙建造的，建造得很簡陋，經風一吹就會搖動。遊客擔心出事，所以人數才會越來越少。這樣一來，這座塔的生意也做不下去了，這裡最後成了小愛迪生的玩耍場所。

不過在管理這座塔的過程中，愛迪生對工作產生了興趣，於是他向父母提議，說自己想到鎮上去賣菜。

父母起初很吃驚，後來還是同意了愛迪生的請求。他們認為，這可以養成愛迪生勤勞的習慣。但父母告訴愛迪生，賣菜可以，但不能因為辛苦就半途而廢。

「放心好了，我不會的，我一定會努力到底！」愛迪生信心百倍的承諾著。

第二天，小愛迪生就用小車推著自己家裡種的菜到鎮上去賣。這項新生意還真不錯，愛迪生為人誠懇，不好的菜都不賣，菜價也比其他人的便宜，因此鎮上的太太們都很喜歡這個大頭男孩，也都樂意到他那裡去買菜。

過了一陣子，對生意發生興趣的愛迪生又從別的農家批發一些水果，拉到鎮上去賣，生意也相當不錯。後來，生意忙的時候，愛迪生一個人已經忙不過來了，只好僱了一位比自己大兩歲的少年來幫忙。

像這樣經過一年多的時間，愛迪生居然賺了五百多美元，這簡直讓山繆爾和南西嚇了一大跳！

不久，愛迪生就要上學了，便決定不再繼續賣菜了。

第一章 頑皮的孩子

（三）

第二章　勤奮好學的少年

書籍是天才留給人類的遺產，世代相傳，更是給予那些尚未出世的人的禮物。

——愛迪生

（一）

愛迪生八歲的時候，母親南西將他送到了附近的一所小學。這個學校裡只有一個班級，一個老師。這位名叫恩格爾的老師同時也擔任這所學校的校長。

學校的課程枯燥呆板，一點也引不起愛迪生的興趣，因此，他從來沒有好好坐在位子上聽老師講課，而是在教室隨便走動，有時乾脆就跑到外面去玩。有時候，他還收集別人丟棄的物品，製造出一些奇奇怪怪的東西，並帶進教室，在課堂上玩這些東西，根本沒注意老師在課堂上講什麼。

在做作業時，只要有一個問題得不到解答，他就不會繼續做下一道題，這樣的他也經常無法完成作業。為此，不了解愛迪生個性的恩格爾老師就把他當成一位遲鈍笨拙的學生，認為他是個「低能兒」。

有一次，在上算術課的時候，老師講解個位數的加法。大家都在認真聽講，可是愛迪生忽然舉手問道：

「老師，一加一為什麼等於二？」

愛迪生的問題讓老師張口結舌，實在不知道該怎麼解答。

這樣，在學校待不到三個月，老師便將愛迪生的母親南西叫來了，對她說：

「這個孩子一點都不用功，簡直就是個『低能兒』，總是提出一些可笑的問題，留在學校裡只會妨害其他的學生，妳還是把他帶回家吧。」

愛迪生的母親聽了老師的話很生氣，她不認為自己的孩子是個低能兒。她說：

「我認為阿爾比其他同齡的大多數孩子都聰明，我想我可以教我的阿爾，他再也不會來這裡了！」

當南西帶著小愛迪生走出校門時，一陣心酸，眼淚禁不住的流了下來，她絕不認為自己的孩子是個低能兒。相反的，根據她平時的觀察，她覺得愛迪生不僅不是低能兒，還是個非常聰明優秀的孩子。

在受到這種刺激之後，南西便決心付出全部心血教育愛迪生，讓他成為世界上第一流的人物。

回到家後，南西問愛迪生：

「老師說你是劣等生，你認為這是恥辱嗎？」

「不，我並沒覺得這是什麼丟人的事，我倒是覺得很不服氣呢，因為……」

「因為什麼？」

「因為，我想知道的事情老師一點都不教；我不想知道的事情，老師偏偏又要教。」

南西聽了愛迪生的話很高興，告訴他說：

「說實話，親愛的阿爾，老師說你是個低能兒，但媽媽卻不這樣認為。從明天起，你就不要到學校去了，我會在家裡好好教你。不過，你也要答應媽媽一件事。媽媽已經下定決心，無論如何

第二章 勤奮好學的少年

（一）

都要讓你成為世界第一流的人物，你能不能答應我用心學習呢？」

「媽媽，我答應您，一定要做個偉大的人。」愛因斯坦大聲說。

年幼的愛迪生就這樣永遠的告別了學校，這位以自己的深邃智慧大大影響了人類生活方式的偉大發明家，一生就只上過這三個月的學。從那以後，母親就成了愛迪生的「家庭教師」。

愛迪生的母親南西曾經做過教師，熟悉現代教育理論。她很清楚，她能採用的最好方法就是讓愛迪生按照自己的愛好和意志去發展，只有在必要的時候加以制止即可。

根據母親南西的計畫，無論春夏秋冬，在其他孩子玩的時候，愛迪生都要每天堅持學習。愛迪生從來也不反對母親的教育，因為母親教給他的不僅是知識，更多的是學習方法。南西認為，多思考比簡單的死記硬背知識更重要。只要是愛迪生能看得懂的書，無論多難，都應該讓他看。

愛迪生的母親有著高超的教育才能，將家庭教育辦得生動活潑。她經常和兒子一起坐在門前，一邊晒太陽一邊上課；她還帶著兒子到高高的瞭望塔上，一邊乘涼，一邊閱讀；冬天，她還會與兒子一起圍著火爐上課。

後來，愛迪生曾這樣說：

「我在早年發現慈母是有益的。當學校的老師叫我笨蛋時，她來到學校為我極力辯護。從那時開始，我決定為她爭光，絕不辜負她的期望。她是真正理解我的人。」

（二）

在母親南西的教導之下，愛迪生在學習英語、數學、文學、地理等一般課程的同時，開始閱讀課外書籍。閱讀也打開了愛迪生的視野，雖然書中有許多他看不懂的地方，無疑的是，他被書中展示的多彩世界和深邃的思想深深吸引住了。愛迪生在知識的海洋中遨遊，如饑似渴汲取人類先哲們的智慧和思想。

雖然這時的愛迪生才只有八歲，但他卻已經讀了英國文藝復興時期最重要的劇作家莎士比亞、文學家狄更斯的著作。

到九歲時，愛迪生已經能讀懂一些即便是高中生也難懂的書了，如《自然與實驗哲學》。這本書包括了那個時代幾乎所有的科學技術知識，從蒸汽機到氫氣球，以及當時許多人們所熟悉的化學實驗，涉及的知識層面很廣。這也是愛迪生所需要的書，它為愛迪生展示了一個嶄新的世界。後來，他曾回憶說：

「《自然讀本》是我第一次讀到的科學書籍，那時我還不到十歲。」

後來，愛迪生幾乎做了書中指定的所有實驗，對化學也開始產生濃厚的興趣。家中的地下室成為他的實驗室，那裡有兩百多個玻璃瓶，裡面都裝滿了化學製劑和試劑。在進行實驗中，經常會有小小的爆炸事件發生，父母既因此為兒子的安全擔憂，又為兒子能自己動手做這些實驗而驕傲。

第二章 勤奮好學的少年

（二）

南西見愛迪生的各種實驗器材和藥劑到處亂放，就教育他說，做完實驗後，各種雜物應該分類整理一下，特別是一些有毒的物品，應貼上標籤。後來，她發現愛迪生經常帶著別的孩子來接觸這些藥品，就堅持要愛迪生把有毒的試劑隨時鎖起來。

十歲時，愛迪生又讀完了《羅馬帝國衰亡史》、《英國史》及《世界史》等，甚至還包括自然科學名人牛頓所著的《自然哲學的數學原理》等，這些大部頭的著作都成為愛迪生日常涉獵的對象。《自然哲學的數學原理》讀起來當然很吃力，但愛迪生從書中也學到了重視實踐的真理。

不過，愛迪生在讀完《自然哲學的數學原理》後，開始蔑視起數學來。這種態度並非因為他不需要借助數學去判斷涉及數學的許多問題，而是因為愛迪生的一些朋友為他解釋了這本書中的一些疑難問題。後來，愛迪生還得出了這樣的結論，他認為如果牛頓少知道一些數學問題的話，他的知識面會更寬廣一些。從此，愛迪生開始討厭數學，並且一直沒有恢復對它的好感。他將數學當成一種虛擬工具，可以用它來完成推理的邏輯結論，但虛擬不能幫助人們理解這一結論。所以成年後，愛迪生甚至很自負的說：

「我可以僱來數學家，但他們卻不能僱用我。」

後來，愛迪生在財富累積上遠遠超過了大多數學家，其中的原因就是他夜以繼日進行實驗，並將發明很快轉化為產品。

母親南西對愛迪生所進行的啟蒙教育，使愛迪生養成了很好的閱讀習慣，讓他終生受用。但對於一個發明家來說，童年時代的這些「系統教育」顯然是不夠的。在之後的工作當中，愛迪生逐漸感到物理、化學和電工學等原理知識的不足，這也為他的工作帶來了困難。當他需要解決一個難題時，就集中時間和精力大量閱讀和實驗，來彌補自己所受教育的空白。後來回憶自己的人生時，愛迪生深深感到讀書的重要，他說：

「讀書之於智慧，就像體操之於身體一樣。」

（三）

在愛迪生的童年時代，「電」作為一種新型的能源已經進入普通人的生活。在人們紛紛開發電的實際用途中，最早將電作為一種資訊傳媒加以運用的就是電報。

西元一八五八年，在紐約和幾個城市遠至芝加哥之間架起了大約一千三百公里長的電線。報紙上還刊登了電報員用電報連接城市的傳奇故事。那時，人們對電和電報的興趣正像我們現在對宇宙的興趣一樣濃厚。

而對一切事物都充滿好奇的愛迪生，透過電報，對電的興趣更是產生了濃厚的興趣。對愛迪生來說，「電」無疑是一個充滿著神奇與想像的字眼。愛迪生暗自為自己制訂及計劃，他要在這個神奇的領域試一試。愛迪生確信，他將來也可以發明一種電報。

愛迪生是個想做就做的孩子。可是，當他決定開始對電進行試驗，需要購買各種電器裝置時，父親山繆爾的生意卻不好了，愛迪生的零用錢也隨之減少了。去哪裡弄錢購買電器材料呢？愛迪生開始煩惱了。

西元一八五九年，愛迪生十二歲了。這一年，從緬因州的波特蘭至聖克雷爾河東岸的薩尼亞主要鐵路已經實現部分通車。在河的西岸，又開闢了連接薩尼亞與休倫港的輪渡站。與此同時，還開闢了從休倫港到底特律的南北單線。

鐵路為小愛迪生提供了機會。愛迪生打聽到，新鐵路的早班列車上需要一個報童，而且報童還可以在火車上賣水果和餅乾等。雖然鐵路公司不付任何報酬，但報童可用很少的錢買下食品，然後在火車上用高一點的價錢賣出。愛迪生喜出望外，決定爭取到這份工作，賺些錢來購買自己的實驗設備。

但當愛迪生把這個消息告訴母親南西後，一向支持兒子的南西卻堅決反對。南西想到了那些可能發生的可怕事件：一旦火車相撞，甚至翻車，該怎麼辦？愛迪生才十二歲，他在車上遇到壞人怎麼辦？

不過，父親山繆爾倒是很想得開，他認為愛迪生在車上可以得到鍛鍊，學到很多東西。經過與母親的討價還價及發誓保證後，愛迪生終於到休倫港開往底特律的早班列車上成為了一名報童。

在火車上工作時，愛迪生一刻也沒閒著，總是不停忙碌著，一會兒賣報紙，一會兒賣水果。空閒的時候，他就隨便找個地方坐下來休息一下。

愛迪生賣報的那班火車是從每天清晨七點駛出休倫港，十點抵達底特律，下午五點半返回，九點半到休倫港。火車到底特律後，愛迪生就先到報社批報紙，準備在歸途上賣。每當火車抵達車站後，沒賣完的報紙就會被在車站玩耍的孩子搶去幫他在周圍賣掉。

不久後，鐵路當局又開通了底特律到格拉提沃加的路線，每天也是朝發夕至。愛迪生雖然也很想在這條路線上賣報，但分身乏術，於是他就僱用了一個報童，安排在這班車裡。後來，他每天早晨就從底特律裝運兩筐蔬菜，火車到站後，他的小助手就將這些菜運到一個由他租下的攤

（三）

位，並僱用另一個小孩賣。由於這些從底特律運來的蔬菜比當地出產的新鮮，銷售量日漸增加。

除了賣菜外，愛迪生還利用這條鐵路逐漸發展多種小生意，比如幫農民將新鮮的乳酪運到底特律去賣，他賺一點差價；在各種漿果成熟的時節，他就用低價將大量漿果批發過來，然後賣到底特律去。

不久，新幹線上又增加了一班列車，愛迪生又僱了一個男孩當助手，在列車上賣報，然後在不同城市之間收購蔬菜、水果及其他物品等，再進行銷售。就這樣，他每天就能收入好幾元錢，相當於當時一個成年人一天的工作收入。幾個月後，愛迪生在一週內就能賺到二十美元，這在當時已經是一筆不低的收入了。

再下一步，愛迪生就開始出售自己家周圍菜園的蔬菜產品。他曾說：

「在火車上跑了幾個月後，我在休倫港開了兩個店鋪——一家出售報刊，一家賣蔬菜、奶油、乳酪和當季的草莓等。一個店鋪裡，我僱用一個店員，他們與我分享利潤。」

就這樣，一個十二歲的少年，不知不覺就變成了一個「少年企業家」。當時幫愛迪生看店的少年後來回憶說：

「愛迪生是個性格溫和的少年，有著中等的身材和棕色的頭髮。他只要一工作起來，就會廢寢忘食。他總是買最便宜的衣服穿，一直穿到破爛不堪才會換上新的，但會經常保持乾淨的襯衫。他很少梳頭髮，皮鞋也從來不擦。」

愛迪生的收入在當時是十分可觀了，但他從沒亂花過一分錢。每天，他會抽出一美元交給母親補貼家用，餘下的錢除了吃飯外，全都用在買書和各種實驗用品上。

每天長達十四個小時的工作，愛迪生不僅要賣報紙，還要經營他的兩個店鋪，十分忙碌，但他從來沒有忘記學習。母親的話經常在他耳邊響起：

「牛頓和瓦特在學校裡都不算是優秀的學生，但他們並不灰心，仍然繼續不斷努力，最後終於成為世界著名的大科學家和發明家。所以，只要你努力用功，媽媽相信，你未來也一樣可以發明東西。」

第二章 勤奮好學的少年

（三）

第三章　獨立辦報

我始終不願拋棄我的對抗的生活。我極端重視由對抗得來的經驗，尤其是戰勝困難後所得到的愉快；一個人要先經過困難，然後踏進順境，才覺得受用、舒服。

——愛迪生

（一）

火車每天在進入底特律車站後，都要在那裡停留六個小時。每當這個時候，愛迪生便迅速打理好自己的生意，然後匆匆趕到底特律公共圖書館去看書，那裡有一萬六千多部各式各樣的藏書。

愛迪生一進入圖書館，便靜靜坐在一旁看書，直到下午火車開車前才依依不捨的離開。圖書館裡的藏書讓愛迪生大開眼界，他暗下決心，一定要把這裡的書全部讀完。有了這個目標後，他就有計畫的按照書架上排列的順序依次讀下去。而且每次讀書時，還邊讀邊做筆記，同時腦袋裡還思考著各種做實驗的方法。這樣等到回到休倫港後，他就能用新的方法做實驗了。

不論颳風下雨，愛迪生每天都堅持到圖書館看書，所以圖書館的管理員對他很熟悉，都親切的稱他為「小書蟲」。

有一天，一位管理員走到正在埋頭做筆記的愛迪生跟前，問他說：

「你每天都來這裡看書，現在看了多少書了？」

「我已經讀完第一架上的兩層書了。」愛迪生說。

管理員聽了，有些不相信，但看愛迪生嚴肅的樣子，知道他沒說假話，他不由得佩服起這個少年的讀書毅力來。

不過，管理員卻不贊同愛迪生的讀書方法。他問愛迪生：

GE奇異的誕生
從發明燈泡到製造火箭

「你的精神的確可嘉，不過你這種讀書方法並不可取。你讀書的目的是什麼呢？」

「我是按照書架的次序讀的。我希望自己能夠讀完這裡所有的圖書，所以我就打算一個書架一個書架讀下去。」

「聽我說，孩子。」管理員聽完，坐在愛迪生旁邊，語重心長的對他說，「讀書應該有明確的目的性，而不應該只追求所讀的數量。沒有選擇的什麼書都讀，效果往往不好，還會浪費時間。所以，我建議你以後應該選定一個目標，然後圍繞這一目標進行閱讀，這樣才能事半功倍。」

這些話讓愛迪生深受啟發，他開始懂得學習要有明確目的的道理。從此以後，愛迪生便根據自己的興趣和解決問題的實際需要，來選擇適當的書閱讀。果然沒多久，效果出來了，他覺得自己簡直如虎添翼，新掌握的知識在不斷拓寬著自己的視野。

除了讀書，還有一件是愛迪生始終從未忘記、從未間斷的事，那就是他的化學實驗。結束一天的工作後，愛迪生通常都累得筋疲力盡，可是一回到家中的實驗室，他就忘記了身心疲勞，埋頭做起剛剛掌握到方法的實驗來。

可是，愛迪生每天回家都很晚了，做實驗的時間很有限，他總覺得時間不夠用。如果能把實驗器材等物品每天都帶在身邊，隨時隨地做實驗，那該多好啊！

當時美國的鐵路已經很發達了，但火車仍是舊式的，也就是由儲藏室、抽菸室和載客室三節車廂組成。其中的儲藏室又分為三個房間，分別是放貨物和行李的、放信件的以及一間休息室。這間休息室由於空氣不流通，幾乎沒有人去那裡休息。

第三章 獨立辦報

（一）

於是，愛迪生就打起了這間休息室的主意。

說做就做，愛迪生鼓起勇氣向列車長說了這個請求，沒想到列車長很痛快的答應了，只是叮囑他小心使用，不要損壞了裡面的東西。

愛迪生高興極了，第二天就把他的實驗器材和各種藥劑等物品搬上了火車。最初只有一點點藥品，後來他把賣報存下的錢都用在購買實驗器材上，器材也日漸增多，空閒的休息室慢慢也變成了一間完整的車廂實驗室了。

（二）

西元一八六〇年，主張廢除奴隸制的林肯當選為美國第十六屆總統。西元一八六一年，美國圍繞解決黑奴的問題爆發了南北戰爭。這場內戰，引起了美國民眾的高度關注。

這時，報紙成為人們獲悉前方戰事、了解親人狀況的唯一途徑。每天刊載戰爭消息的報紙都被一搶而空。面對這種情況，愛迪生想，如果他能預先得知這類消息，再進行一番宣傳，那麼一定能吸引更多的人前來買報紙。

於是，愛迪生就找到了《底特律自由報》的排版工人，與他們約定，在報紙付印前讓他先看一遍打樣。這樣，愛迪生就提前知道了第二天報紙的內容，據此來判斷能賣出多少份報紙，然後再決定買進報紙的數量。

這年四月初的一個下午，愛迪生在底特律車站裡看到一群人正在看布告欄上的新聞。他在讀到一則新聞後，了解到許多人在夏羅之役中死亡，心想：「這可是一則大新聞！」

愛迪生馬上跑到車站的電信室，對電信員說：

「拜託您，請您馬上拍電報給各站，要他們在車站的布告欄上張貼夏羅激戰的消息！」

但由於不是站長的命令，電信員有點猶豫。愛迪生急切的說：

「快拍吧，這樣的消息，凡是有家人在戰場上的一定都會關心，應該爭取早一點告訴大家。如果你拍了，以後我每天免費送一份報紙給您。」

第三章 獨立辦報

（二）

電信員聽說每天有免費的報紙看，馬上拍發了電報。

隨即，愛迪生又跑到《底特律自由報》社，對批發報紙的工人說：

「今天請多給我一千份報紙，但現在我只有三百份的錢，明天我再付給您！」

果然不出愛迪生所料，第二天，沿途各站的人們都以高出平時好多倍的價格將愛迪生買進的一千份報紙一搶而空。在當時，沒有什麼比閱讀在夏羅戰爭犧牲或受傷者的名單更重要的了，也許名單上的死者或傷者當中就有他們的親人。

就這樣，愛迪生一下子賺了一大筆錢。事後，愛迪生是這樣來敘述當時這件事的：

「一個孩子幫助我把報紙放進列車裡。第一站是一個名叫烏萊卡的小站，以往這裡只能賣兩三份報紙。我看到一大群人聚集在月台上，以為是什麼參觀團呢。火車停下後，我還沒來得及走出車廂，他們就把我從四面八方團團圍住，我在這裡賣了三十五份報紙。從底特律到休倫港，幾乎每個站都是這樣的情況。……在火車到達休倫港停下來後，我剛走出來，就有一大群人朝我走來，我大聲喊道：『報紙一份二十五美分，沒有很多了，已經不夠大家買了。』我把報紙一下子就賣完了。這一天的收入可觀，我覺得那是『一大筆錢』！」

當天晚上，愛迪生交給母親南西的不是以往的一美元，而是一百美元！

這次成功讓愛迪生留下了深刻的印象，他說：

「由此，你們能夠了解我當時為什麼會將電報的發明看成是最好的發明了吧？因為正是各個車站站長在看板上寫了電文，才有如此龐大的成功。於是，我當時毫不猶豫決定自己要努力成為一名電報員。」

（三）

每天看著買報紙、看報紙，因為報紙上的內容而喜怒哀樂，愛迪生越來越深切體會到報紙在人們生活中所發揮的作用。於是，他心裡冒出了一個大膽的想法，就是自己來辦一份報紙。他覺得自己每天在鐵路上跑，能了解乘客們的需要，一定能辦出一份受他們歡迎的報紙。而且，現在賣報的錢已經不能滿足他添置實驗器材的需要了，因此必須多賺點錢才行。如果自己發行報紙的話，一定可以賺更多的錢。

但發行報紙可不是件容易的事，不僅需要印刷機，還要有新聞記者。印刷機的價錢昂貴，愛迪生根本買不起；而且撰稿的還必須是行家，才能寫出好的新聞報導，愛迪生更沒錢高價聘請這些行家。

好運氣很快就來了。一天，愛迪生偶然間在底特律的一家名叫路易斯的商店裡看見一架小型的印刷機正在出售。這本來是餐廳裡印刷菜單用的，後來餐廳停業了，便抵押給這家商店。愛迪生仔細打量著這個小印刷機，越看越覺得這簡直就是上天專門為他準備的禮物。愛迪生找到了店主，懇請對方以更便宜的價格把印刷機賣給他。

店主見愛迪生不像開玩笑的樣子，而且又是一副志在必得的樣子，就與他成交了。

印刷機有了，鉛字也不成問題，愛迪生很容易就從那些排版工人朋友那裡討來了足夠多的鉛字。接下來，就是具體的工作了。

報紙首先得有一個很好的名字。愛迪生想，既然這份報紙是專門辦給火車上的乘客閱讀的，那就一定要取一個與鐵路有點關聯的名字才行。經過一番思考，他將報紙定名為《格拉德特倫克先驅報》，簡稱為《先驅報》。這個名字聽上去帶著一股不斷進取、爭當先鋒的意思。

接下來，就是要有專門的記者、編輯以及發行人員了，可是他沒錢僱用，就開始自己研究起來。

在這之前，愛迪生從來沒正經寫過文章，可是他一點也不擔心。他找來一些報紙，逐篇閱讀，認真分析，加上平時每天都在接觸報紙，可說是耳濡目染，所以不久後他就掌握了寫作的技巧，能寫出像樣的新聞報導來了。

就這樣，從採編新聞、寫稿、排版、印刷到發行，愛迪生全都包攬下來，忙得團團轉。但愛迪生一點也不覺得辛苦，反倒有一種成就感。

以一個人的精力，發行日報是絕對無法完成的，於是愛迪生就準備一週出版一次，把《先驅報》辦成週報。

關於報紙的內容，愛迪生覺得，論新聞的迅速即時、內容的全面和生動，自己的報紙無論如何也無法與正規的報紙相比，因此他必須另闢蹊徑才行。

他選擇的新聞都是與鐵路有關的，比如鐵路沿線各地的蔬菜價格、鐵路上的趣聞軼事等，事無巨細，只要他覺得有意思的，就都採編在報紙上。這份報紙當然是很簡陋又很原始，版面也比其他報紙都小，但內容卻很豐富，而且事情都是發生在人們身邊的，很多新聞人物大家也都熟

第三章 獨立辦報

（三）

悉，讀起來特別有親切感，因此一發行就很頗受讀者的歡迎。

另外，在報紙的欄位設計上，愛迪生還別出心裁安排了一個名為「出生」的版塊，專門收集鐵路沿途發生的一些關於新生兒的消息。有一次，他刊登了這樣幾行文字：

某日，在底特律車站休息室，A．利特爾的妻子生下一個女孩，這是第二十二個在車站出生的孩子。

看到這則小資訊後，很多在底特律候車的乘客，都禁不住向站裡的工作人員打聽這件事，一時之間車站裡熱鬧非凡。

同時，愛迪生還將各地的主要資訊都收集起來，摘要刊登，有關於戰事的消息也是每期必有；附近各商場的物價，末尾的商業廣告欄也是受歡迎的內容。愛迪生以每份報紙八美分的價格出售，很快的，報紙的發行量每天就達到了四百多份。

雖然辦報很忙，但這位年僅十五歲的小出版商並沒有讓他的報紙占去他全部的閒暇時間。在列車回到休倫港之前，他依然要抽出時間在顛簸的列車中潛心做他的實驗，堅定如一朝著他的目標前進。

汽車大王亨利．福特（Henry Ford）對愛迪生曾做過這樣的評價：

「我不是說年輕的愛迪生能破天荒在火車裡印刷報紙，也不是說他能在這樣年少時期辦成第一流的報紙，卻是說他具有一種不可遏止的意志去成為科學家，並能運用他的天才向各方面進展，使自己能夠賺錢去實現他真正的工作。

「當時，我還不知道他真正的工作是什麼，但他已經知道一定要先把物質的性質弄清楚，才能夠利用物質。他不只是一個聰明而能賺錢的孩子，他去賺錢不過是想達到自己的目的。他的金錢除了維持簡單的生活之外，其餘都用來買書和化學用品。」

第三章 獨立辦報

（三）

第四章　意外的打擊與收穫

失敗是我所需要的，它和成功對我一樣有價值。只有在我知道一切做不好的方法以後，我才知道做好一件工作的方法是什麼。

——愛迪生

第四章 意外的打擊與收穫

（一）

（一）

在火車上建立了行動實驗室，每天還得忙著出版報紙，愛迪生忙得不亦樂乎，似乎一切都在按照他的心願進行著。

然而，不幸的事情卻突然降臨了。

這天，火車在開到距離休倫港約十公里的地方時，因為鐵軌鋪得不太完善，車身忽然震動了一下。突然，「砰」的一聲，一樣東西掉在了地上。正埋頭做實驗的愛迪生回頭一看，原來是放黃磷的瓶子從櫃子裡掉了出來，瓶子摔得粉碎，黃磷因摩擦而起了火，將車廂地板都燒起來了！

愛迪生大吃一驚，慌忙把自己的衣服脫下來，想撲滅迅速燃燒起來的火焰。可是火勢不但沒有減少，連他的衣服也被燒著了。

就在這時，一位乘務員推門進來了。這位乘務員以往對愛迪生都不錯，可看到此景，卻勃然大怒。他迅速跑過來將火撲滅，避免了一場火災的發生，然後直起身，狠狠打了愛迪生一巴掌，並大罵道：

「都是因為你，才弄成這個樣子！你馬上給我滾！火車裡再也不能留你這些危險的東西了，一刻也不許再留！」

結果在火車抵達蒙特克里克車站後，愛迪生就被趕了下去。他辛辛苦苦收集起來的所有實驗用品也都被統統拋出了車廂。就這樣，他曾經最引以為豪的列車行動實驗室被毀得一塌糊塗。

這是愛迪生一生中遭受的最大的一次打擊。這次意外事故，不但讓他失去了所有的實驗用品，還使他喪失了聽力。由於列車員的那一巴掌打得太重，當時愛迪生就聽不到任何聲音了。

晚上回到家後，南西注意到了愛迪生的反應有些異常，就追問兒子發生了什麼事。愛迪生把事情的經過描述了一遍，南西立刻有了一種不祥的預感。她馬上找來醫生替愛迪生檢查。果然，醫生遺憾的告訴她，愛迪生小時候患上的猩紅熱已經為他的聽力留下了隱患，而這一次意外，讓他的耳膜受到了嚴重損害，已經無法醫治了。

其實，關於愛迪生耳聾的說法不只這一個版本。根據相關資料記載，愛迪生的耳朵如上所述，是因為火車上的實驗室起火而被打聾的，愛迪生本人一度也曾默認了這種說法。

還有一種說法，是說他在做化學實驗時，瓶子中的磷不慎倒在地上引起大火，他受驚逃出，但不幸的是耳朵被燒壞了。

晚年時期，愛迪生又提出另外一種描述，就是少年賣報時，有一次因為買報紙的人太多，他沒有趕上火車。等他跑到月台，火車已經開動，他追上列車抓住了車廂後的扶梯，但沒辦法爬上去，差點被甩下來。這時一個列車員跑過來，匆忙的抓住了愛迪生的雙耳把他往上拉。就在那時，愛迪生感覺耳朵裡出現了破裂的聲音。從那以後，他的耳朵就聾了。

不管哪種說法屬實，愛迪生在他漫長的一生中飽受耳聾之苦的事實是無可否認的。但他自己對這件事倒也樂觀，甚至覺得這是件有益的事，因為這能幫助他更加集中精神進行科學實驗。他曾說：

第四章 意外的打擊與收穫

（一）

「耳聾，從某種意義上來說，對我是有利的。我在電報局工作時，我只能聽到我的工作台上的電報機，別的電報機不能像干擾別人那樣干擾到我……走在百老匯的人群中，我可以像幽居森林深處的人那樣寧靜。耳聾從來就是、而且現在也是我的福氣，它使我失去了許多干擾和精神痛苦。我聽人說：『愛迪生沒有神經。』我的神經不比任何人少，而且同樣靈敏，但卻不受外界的干擾。」

（二）

在火車上闖了禍，愛迪生只好收拾著自己的實驗及辦報器材等回到家中。他慈愛的母親不但寬容的接納了他，而且再一次給予他重新振作的力量。

母親南西為了支持愛迪生的實驗，在家裡為他重新開闢了一個實驗場所。為了防止意外再次發生，新實驗室設在頂樓上，地窖裡只堆放一些器材和雜物。在這個新實驗室裡，愛迪生開始進行電學實驗。其中的第一個實驗，就是「電報遊戲」。

在距離愛迪生家不遠的樹林裡，住著一個名叫華德的鐵路工人，他的繼子詹姆士．狄克非常聽愛迪生的話，而且對電報技術也十分感興趣。愛迪生以前就喜歡電報機，尤其是和狄克一起參觀了電信局之後，對電報的興趣更加濃厚了。

「狄克，我們兩個人來做電報機互相通訊吧。」

就這樣，兩個人約好了。此後不論是清晨還是半夜，只要一有空閒，愛迪生就與狄克翻閱有關電信的書籍，熱心的研究起機器的製造。

那時，電信業才剛剛開始，商店裡根本沒有電報材料可賣，所以要找一個隔電瓷、一根電線都不是一件容易的事。他們絞盡腦汁，終於想出用空瓶子代替絕緣器的方法。不過，最傷腦筋的就是電流。

後來，兩個少年想到用摩擦貓毛的方法來產生電流，可是在摩擦時，貓會感到不舒服，在愛

第四章　意外的打擊與收穫

（二）

迪生的手上抓了一把後就逃跑了。

經過這樣可笑的失敗之後，他們終於從狄克家的屋頂到愛迪生家的樹尖上裝好了一根電線。

一天晚上，兩個人開始試驗通訊了。狄克在電線那頭發報，愛迪生在電線這頭收報。長短不一的嗒嗒聲，在夜深人靜時分顯得格外清脆悅耳。電報機開始工作了！

兩個少年都為這個小成功而興高采烈，但唯一不滿的是愛迪生的父親，因為他覺得兒子每天玩得太晚了，這對他的身體不好，所以規定他在晚上十一點必須睡覺。

這一限制為年輕的愛迪生帶來了麻煩。他的報紙通常都要在十一點才能賣完。如果十一點鐘就睡覺，他就沒機會做實驗了。於是，愛迪生又想出一個計策。

平時，愛迪生晚上回家後，父親總是要看他帶回來的《底特律白由報》。這時愛迪生想，為什麼不能把這些新聞像底特律報社那樣，經過電報線傳到屋裡呢？狄克能發，愛迪生能收，那麼在十一點時必須睡覺的限制就可以取消了。

計策進行得很成功。愛迪生將報紙送到華德那裡，馬上趕回家來，告訴父親說報紙全部賣完了，不過狄克可以從電線上將新聞發過來。

於是，愛迪生走到電報機旁，滴滴答答弄了一會兒，電報機開始響了。因為他提前已經和狄克說好了，所以對方回電也比往常要快。

「爸爸，狄克說要將重要的新聞用電報發過來。噢！是南北戰爭的消息，格蘭特將軍……」

「格蘭特將軍怎麼了？」父親關切的問。

愛迪生根據嘀嘀嘀的電報聲將新聞一一告訴父親，戰場的消息、議會的新聞、以及加州發現新油田等等。父子倆藉機實驗到晚上一兩點。

「啊，這真方便！」山繆爾大感驚嘆。

第二天夜裡，愛迪生與狄克又繼續發報；第三天夜裡也是如此。就這樣，父親山繆爾妥協了。他告訴愛迪生，只要他能照常將報紙帶回家，他就不干涉愛迪生的工作時間了。之後，報紙馬上就在家裡出現了，而愛迪生與狄克的「電報遊戲」也可以繼續進行了。

（三）

在研究電報的同時，愛迪生還在繼續出版他的報紙。在這之前，《先驅報》已經傳到了國外。那是因為有一次，一位名叫喬治．斯蒂芬（George Stephenson）的英國工程師搭乘了愛迪生賣報的那班火車，感覺這份小報不錯。這位工程師說：

「少年人能發行這樣的報紙，真不簡單，我想買一千份帶回去。」

一次就被人訂了一千份，這可是頭一次。愛迪生很高興，其他都放下不做了，趕印出一千份賣給那位工程師。這位工程師帶著愛迪生的《先驅報》回到英國後，在世界第一流的《倫敦泰晤士報》上大肆讚揚愛迪生，並將這份小報稱為是第一種在火車上出版的報紙。

然後就在報紙頗有名氣且很暢銷時，愛迪生突然決定不辦了。這是因為，當時愛迪生曾與一個他熟悉的同齡人商量如何增加報紙的發行量，那個人認為，報紙上應多刊載一些讀者喜歡的雜談、趣聞以及各式各樣的市內消息，人們都喜歡知道他人的祕密，如果有些這樣的內容，大家都覺得有趣，也就會都來買你的報紙。

愛迪生決定和那個人合夥辦報，將《先驅報》也改名為《祕聞報》。報紙的發行量的確是大大增加了，但那些認為報紙刊登了自己祕密的人卻大為惱火。

一天晚上，愛迪生從車站賣完報紙回家，正走在荒無人煙的聖克雷爾河邊時，一個高大魁梧的傢伙跟了上來。原來他的故事被登在了《祕聞報》上，愛迪生拒絕說出作者的名字。壯漢狠狠揍了愛迪生一頓，還把他扔到了河裡。

不久，愛迪生就放棄了出版工作。毫無疑問，愛迪生是當時最年輕的出版者，如果不是因為他被科技所吸引，也許他會終生熱愛新聞事業，成為一個傑出的出版家。

愛迪十五歲那年，發生了一件事，由此，他的生活也發生了永久性的變化。

那是在西元一八六二年八月的一個早晨，愛迪生在鐵路上賣報紙，忽然發現一個小男孩正站在鐵軌中間玩石頭。此刻，他的後面正好有一節貨車向他駛來，可孩子卻完全不知道自己處於危險之中。

愛迪生見狀，急忙把報紙扔到月台上，奮不顧身衝上去把孩子救了出來，但兩個人都頭朝下摔倒了尖銳的碎石上，以至於碎石末都嵌進肉裡了。

愛迪生救起的這個孩子名叫吉米，他的父親名叫麥肯齊，是克里門斯山火車站的站長。為了表達自己的感激之情，麥肯齊邀請愛迪生到他家裡做客。

不久後，麥肯齊發現，愛迪生在賣報之餘還常常到火車站的發報室去研究儀器。因此，麥肯齊認為愛迪生可能是想學習電信技術，將來做個通訊員。因此，他對愛迪生說：

「愛迪生，你救了我的孩子，我必須好好報答你才行。我看你似乎對電信方面的機器很感興趣，所以我想教你學習電信技術。當然，這是免費的。」

愛迪生一聽，簡直太高興了！無疑，這是比給他多少金錢都寶貴的酬謝。

就這樣，愛迪生每天一面在車站裡賣報，一面在發報室做見習報務員。愛迪生對電報並不生疏，所以麥肯齊老師對他講的內容他很快就能掌握；而麥肯齊對愛迪生這個學生的勤奮和驚人的理解力也稱讚不已。

很快，愛迪生就學會了各種電信技術，也能熟練操作各種機器了。四個月後，愛迪生成為車站裡的正式報務員。

第五章　流浪的報務員

我不以為我是天才，只是竭盡全力去做而已。

——愛迪生

（一）

愛迪生在掌握了電報技術後，便正式到休倫港電報室上班了。學到的技術第一次得到應用，愛迪生對於工作有很高的積極性。他每天忙完自己的事後，就偷偷觀察有經驗的老報務員是怎樣接收從通訊社發來的電文，然後自己再勤加練習，因為接收這類通訊稿必須要求一字不差，難度比接收普通的電文大得多。這樣潛心學習沒多久，愛迪生就能很得心應手的工作了。

愛迪生不是個循規蹈矩的人，喜歡憑藉個人的喜好工作。當他發現工作中再沒什麼能激發起他探索的興趣時，就不滿足於日常的工作了，空閒時又開始摸索起各種電訊設備來。

休倫港的電報室設在湯瑪斯．沃克的珠寶店旁邊，珠寶店裡擺放著這種為顧客免費提供翻閱的過期雜誌，愛迪生一有空就過來溜達，結果欣喜的發現其中竟然有《科學美國》。這讓他像撿了便宜一樣高興，以後只要一有空，他就躲在這裡翻閱雜誌，然後偷偷找時間操作實踐雜誌上刊載的實驗。有時因為沉迷其中而耽誤了發電報的時間，上司還會批評他。

沒多久，愛迪生就厭倦了電報局的工作，私下裡請麥肯齊幫他換個地方。就在麥肯齊幫愛迪生留意去處時，珠寶店老闆沃克因為急於參軍而準備找個頂替他的人來經營珠寶店。

愛迪生聰明伶俐，又是麥肯齊的徒弟，當然就是最合適的人選了。就這樣，愛迪生接替了沃克的工作，負責這個店鋪的經營。

愛迪生在這裡自己開辦了一個電信局，從這裡到休倫港之間架設了大約一點五公里的電線，負責為附近的人發電報，電報信號也十分清楚。但是，這裡的生意並不好，不久就歇業了。

西元一八六三年，麥肯齊為愛迪生在斯特拉福德樞紐站找到了一份工作。那裡距離休倫港一百多公里，工作任務也是電報員。如果要去那裡工作，愛迪生就必須離開家鄉，獨自一人在外生活。

得到這個消息後，南西無論如何也捨不得讓十六歲的兒子離開家。但愛迪生卻對外面的世界充滿了嚮往與憧憬。他說服母親，滿懷信心隻身一人去了斯特拉福德。

來到新的工作職位後，愛迪生主動要求值夜班。這在常人看來是有些不可思議的事。因為上夜班就意味著作息必須晨昏顛倒，一般人都不樂意吃這份苦。但愛迪生自有打算，他想把白天的時間省下來繼續從事科學實驗，而晚上的工作，他自認為應付起來很容易。

當時的鐵路局規定，值夜班是不能睡覺的，而且每隔一小時就要發出一次電報信號，以證明值班員沒有睡覺。

愛迪生覺得這個規定太死板了，因為他白天要忙於讀書和實驗，如果整個晚上都要定時發信號，就根本沒時間休息了。所以他決定想個辦法將自己從這個束縛中解脫出來。

經過兩週的實驗研究，一種小型的設備就發明出來了：愛迪生將一個帶有缺口的輪子和鐘錶連接在一起，在缺口輪子上安裝上一根小棒。鐘錶在走動時，缺口輪子也跟著轉，每隔一個小時，它們之間的電路自動接通，小棒就從缺口上落下來，叩在發報機的按鍵上，發出固定的電報信號。這種自動發出的信號準確無誤，連一秒鐘都不會差。

第五章 流浪的報務員

（一）

總局管電信的莫斯先生十分佩服愛迪生能夠嚴守時間，按時發送電報信號，卻不知道真正的電報員愛迪生早就離開職位，去摸索自己的實驗或者在一邊睡大覺了。

然而，這個小發明卻也替愛迪生惹來了麻煩。

一天晚上，愛迪生的信號按時發出，但沒多久，莫斯先生就因為急事而發出呼叫，可愛迪生這邊卻毫無反應。莫斯先生擔心發生意外，馬上趕到斯特拉福特樞紐站，結果可想而知，他看到的是睡得正香的電報員愛迪生。

就這樣，這位天才從斯特拉福特樞紐站被趕了出來。

（二）

在十九世紀中葉，電報業取得了突飛猛進的發展。隨著鐵軌向全國各地的延伸，電報業所涵蓋的範圍也越來越大，對人們的生活影響也越來越廣泛深入。不管是鐵路運輸、新聞報導還是金融交易，電報都是必不可少的工具。

由於電報員是個必須經過專業培訓才能上手的行業，而電報業的發展速度又大大超出了電報員的成長速度，因此電報員也成為一個熱門的職業，幾乎是供不應求。尤其是西元一八六四年南北戰爭爆發後，大批熟練的電報員都應召入伍，使電報員變得更加搶手了，各個地方幾乎都是虛位以待。

在這樣的情形下，愛迪生是不愁找不到工作的。因此在此後的四年當中，他經常換工作，密西根州的艾德里安、印第安州的印第安納波里斯、俄亥俄州的托萊多、田納西州的孟菲斯、肯塔基州的路易維爾、路易斯安那州的紐奧良……到處都留下了他的足跡。

既然電報員這麼搶手，愛迪生為什麼還要頻繁的換工作呢？因為無論在什麼地方，愛迪生都熱衷於化學和電的實驗，只要有空，他就看書、做實驗，這樣雇主們當然是不太情願的；再加上實驗研究永遠在他心中占據最重要的位置，這也讓他時不時闖禍，所以每份工作都做不久，不是被炒魷魚，就是他炒了老闆的魷魚。

西元一八六四年初，愛迪生在距離底特律西南六十英里的艾特利找到了一份工作，月薪是

第五章 流浪的報務員

（二）

七十五美元。後來，他被派往離小鎮一點五公里的倫納威岔道去。到那裡後，他向一個報務員租了一間房子，布置了一個小工廠。不久，他又被派在夜間值班。結果由於不能好好服從命令，不久就被辭退了。

此後，他又在印第安那的韋恩堡當白天班的電信技師。但三個月後，他又失業了，據說是因為經理要將他的職位讓給自己的友人。

西元一八六四年的冬天，天氣特別寒冷，湖面冰封。隔湖相望的休倫港和加拿大薩尼亞兩個城市之間的交通中斷了。鋪設在湖底的連接兩個城市的電報電纜又被流冰沖斷，兩座城市之間的聯絡完全中斷。

人們想了很多辦法都不行，這時愛迪生提議，如果他有一輛火車頭和一個司機，他就可以與對岸通訊。鐵路局見無計可施，只好同意了愛迪生的建議。

愛迪生爬上了靠近湖邊的一輛休倫港路段的機車，拉響了汽笛，用笛聲發送摩斯密碼。對岸的人聽到這奇特的聲音後，全都集中在岸邊傾聽。終於，一位加拿大電報員接到了愛迪生的聲音，馬上跳上一旁的火車，也發送笛聲回答。就這樣，兩座城市之間的聯絡恢復了。

愛迪生用火車笛聲發送電報的事情被大鐵路公司的總經理得知了，他僱用愛迪生擔任電報員工作，月薪是二十五美元。

愛迪生不能像電報員的職業需要的那樣井井有條安排工作，他也拒絕別人要他做的事。當他認為自己收發的電報比其他的電報重要時，就會占線收發自己的電報。同時，他還利用一切機會學習新知識，進行各種實驗嘗試。當他對一本書或發明產生興趣時，就會讓待發送的電報等待幾個小時。因此，他與上司和同事之間的關係處得也不太融洽，工作不久就又離開了。

（三）

十九歲時，愛迪生再一次調換了職位，到辛辛那提一個很小的、氣味也不太好的實驗室工作。在這幾年的鍛鍊中，愛迪生的發報速度已經相當快了，甚至連那些收電專家們都感到招架不住。他們常常不得不打斷愛迪生的電文，叫他再重複一遍。

在這個實驗室，愛迪生開始不斷嘗試能否同時發送兩份電報。愛迪生在辛辛那提結識了收發電報員亞當斯。共同的愛好讓他們很快就成了朋友。不過沒多久，愛迪生就又換工作了，亞當斯也離開了辛辛那提，去了波士頓。

後來，愛迪生又去了孟菲斯，月薪達到了一百二十五美元。在這裡，他幫總報務長修好了斷線，接通了紐約與紐奧良之間的聯絡，還製造出了一種臨時發明的自動轉發機裝置。這一裝置可以將一個電報接收機收下的電文輸入一條不同線路的發射機。新聞報導為此還大力的宣傳了這件事。

但愛迪生的上司認為愛迪生的智力已經超過了自己，於是，愛迪生又被辭退了。

在孟菲斯時，愛迪生的收入全部用來購買實驗用品了，結果被辭退後身無分文。當離開孟菲斯到達路易維爾時，又趕上了一場暴風雪。愛迪生後來回憶說，他永遠都不會忘記人們是如何奇怪的看著他這個人：只穿著一件單薄的白色外套，戴著一頂白色的夏天戴的帽子。

他在這裡逗留了兩年，然後又去了底特律，接著又回到路易維爾。在這期間，愛迪生還是四處尋找工作。

那時，電報線路的架設技術還沒什麼改進，絕緣設備也很差，發電報時有很大的噪音，因此報務員在收報時經常需要猜測電文中的內容。

為了進一步提高自己作為新聞報務員的技術，愛迪生找到一家報社，要求酬勞以報紙交換，然後每天夾著一大捆報紙回家詳細閱讀。因此，當時的許多國際大事，如俄國出讓阿拉斯加、法軍撤離芝加哥以及美國的黑奴解放運動等，他都十分了解。

這樣，在接收冗長的新聞電報時，愛迪生就能準確無誤的譯出電文了。

「他的手指跳躍在電報鍵上，送字如此迅速，按鍵好像在唱歌一樣。」當時的同事這樣描述愛迪生。

在這裡，愛迪生還結識了幾個新朋友，他們也都是經營報業的人。他經常與朋友們一起討論科學發明。後來愛迪生說，就是在路易維爾，他發明了那種獨特的縱行書寫方式。那是一種字體小但很清晰的豎寫字體字母，字母之間不相連，而且不具有任何花飾。愛迪生能在一分鐘內清楚的寫出五十五個詞，這要比一般報務員拍報速度快得多。

期間，愛迪生還去過底特律，但不久又回到了路易維爾。可隨後不久他又被解僱了，這一次是因為他在工作上捅出了大婁子。

當時，美國維吉尼亞州正在進行聯邦參議員的選舉。競選的焦點人物是約翰．M．波茲。有一天，有消息傳來說波茲能夠在次日當選。第二天，愛迪生就接到了里奇蒙發來的電報。但當他

第五章　流浪的報務員

（三）

剛收到「約翰．M．波茲」這幾個字後，線路就意外中斷了。

這該怎麼辦？各家媒體都在等著電文內容向公眾宣布呢！

愛迪生急中生智，乾脆自作主張的編造了一份電文，稱約翰．M．波茲已經成功當選。消息很快就登上了報紙的頭條，可隨後大家得知，約翰．M．波茲還未能當選，各家報紙不得不補充更正聲明。

這時期的愛迪生年輕氣盛，對新鮮事物充滿了探索的興趣，經常憑一時衝動做事。有一天，他在報紙上看到巴西政府正在大量招募報務員，就興沖沖約了兩個同伴準備乘船遠渡南美。

可當他們到了紐奧良的港口後發現，船隻臨時被政府徵用運送士兵了，他們只好在碼頭等候下一班船。這時，一個剛從南美返回的貨船船長看到他們，得知他們的打算後，就勸說他們，稱南美並不像他們想像得那樣充滿機會，還是留著美國更有前途。

愛迪生覺得船長說得有道理，便放棄了出國的計畫。而另外兩個同伴卻一意孤行，去了南美。

不久，愛迪生就聽說那兩個同伴剛剛抵達南美，就患熱病死去了。這件事讓愛迪生大為感慨，第一次對人生的無常產生了確實的感受，也對正確的選擇人生方向有了更深刻的理解。

這幾年當中，愛迪生的興趣也日漸廣泛，在研究發報技術之外，他還學習了西班牙語、法語等，並閱讀了《美國獨立宣言》的作者，美國總統湯瑪斯．傑佛遜（Thomas Jefferson）的傳記。至今保存著《湯瑪斯．傑佛遜生平》一書的扉頁上，還有愛迪生的親筆簽字：

湯瑪斯．阿爾瓦．愛迪生，報務員，孟菲斯，田納西，西元一八六六年三月十一日

愛迪生還是法國著名作家維克多．雨果的崇拜者。儒勒．凡爾納（Jules Gabriel Verne）的科幻小說《氣球上的五星期》、《哈特拉斯船長歷險記》等，也很吸引他。

他還喜歡戲劇，一有時間就跑到戲院去看戲，非常崇拜莎士比亞。他說：「這個人有了不起的思想，如果他把自己的智慧傾向發明方向，一定能夠成為驚人的發明家。」

當然，他的主要興趣仍然是實驗和技術。

第五章　流浪的報務員

（三）

第六章 走上發明之路

每一個人都會開列出一張長長的清單，要求他的朋友應具備哪些美德與良好品格，但卻很少有人願照著自己的清單去培養自己的品德。

——愛迪生

（一）

西元一八六七年秋，在離開家鄉四年後，愛迪生返回家鄉休倫港看望父母。可這次回家很不幸，因為地方當局藉口軍用，強迫愛迪生一家遷離瓦爾華斯住宅。父親山繆爾和母親南西只好連夜將各種雜物搬到一個友人家中，並暫時留居下來，另外又在郊外建築新的住所。

失去舒適的舊住所和地方當局的粗暴態度，讓母親南西的精神受到了很大刺激。即使久別的小兒子回來，也絲毫沒有讓她振作起來。

愛迪生在家住了幾個月，看到休倫的情況不如往昔，便決定繼續外出找事情做。他寫信給波士頓的亞當斯，託他幫忙謀求一個職業。亞當斯便將愛迪生的信交給了西方聯合電報公司的經理米利肯。

米利肯看到愛迪生印刷體一般的書法，讚賞的說：

「他平時抄寫電報時也能寫得這樣整齊嗎？如果能的話，那就叫他來，我現在就準備僱用他。」

西元一八六八年三月，愛迪生在接到亞當斯的信後，決定動身去波士頓。

一週後，愛迪生才出現在亞當斯的面前。

雖然是多年不見，但由於是老朋友，所以彼此也用不著說什麼客套話。

「你怎麼這麼晚才來？發生了什麼事情嗎？」亞當斯迫不及待的問愛迪生。

「老實告訴你吧，因為我沒有路費。後來我和鐵路公司交涉，弄了一張乘車證才上了車。倒楣的是，途中還遇到了大風雪，列車被困了幾天，所以就耽擱了。」愛迪生無奈的回答。

「既然到了波士頓，我們就趕快出發吧。」亞當斯性急的說。

「去哪裡？」

「到西聯公司，那是你將要服務的公司。」亞當斯說。

愛迪生跟著亞當斯來到米利肯經理這裡，米利肯一眼就看中了愛迪生。見面還不到五分鐘，米利肯就讓愛迪生馬上過來上班。

愛迪生真是一位天才。他在發送電報時，還是那麼熟練，沒有一位同事能夠比他辦事更敏捷快速而準確。但是，電報局的同事們並不喜歡他，認為他是個土包子。因為愛迪生在第一天上班時，只穿了一件破舊的帆布風衣，裡面是一件領口油黑的破舊襯衫，皺巴巴的棉布褲，褲腳還塞在滿是泥巴的皮鞋裡。他的頭髮看上去大概很久沒洗了，隨便扣著一頂寬邊的破帽子。

這副土裡土氣的樣子，引來同事們的一陣嘲笑。

「這個怪人，一看就是從西部來的，非得給他點顏色看看才行！」

經過一番交頭接耳後，大家都一致決定要「收拾」愛迪生一下。不過，愛迪生對此卻毫不在意。

當時，紐約有一個特別能幹的電報員，發電報的速度非常快，波士頓電報局的這些同事們根本招架不住，於是就商定讓愛迪生這個新手來接那個人的電報。

第六章 走上發明之路

（一）

那天晚上，他們給愛迪生一枝鉛筆，讓他掌管紐約第一號電線，接收拍給《波士頓先驅報》的電報。

後來，愛迪生是這樣描述測試的：

「我等候了一個小時，紐約那邊發來了電訊。當然，預謀者已經約定由紐約一個最快的發報生來發報，想把我這個外地人難倒。我當然毫無疑心的坐在桌旁等候。那個紐約人一開始時拍得很慢，但不久就加快了速度，但我很容易跟上了。這可能令那個人生氣了，他開始努力加快速度，但我仍舊追上了。

「我無意間抬頭望一眼，看到同事們都在注視著我，臉上表現出滑稽和興奮的期待。我這時才知道，他們在捉弄我，但我仍然假裝什麼都不知道。

「紐約的『快手』開始用縮略語發報，我仍然能用全稱寫出來；他甚至故意把字含糊滑過，有意混淆符號，但我也練習過這種收報方法，所以一點也不覺得困難。最後，我覺得這樣的戲弄也該夠了，並且冗長的電報也接近拍完，我拿過按鈕，向紐約的電報員拍了一段話：『來吧，老兄，你可別睡著了！』」

愛迪生最終贏得了這場「戰鬥」的勝利，而且還獲得了「最佳報務員」的稱號，同事們再也不敢輕視他了。

不過，在這裡他依然無視上司。有一次，愛迪生寫了一千五百字的電文。由於間距太密，上司讓他重新抄一遍再送交給報社排版人員。他收到斥責後，就改為大寫字，每張紙上只抄寫一個字母。結果，愛迪生被調離了抄寫通訊稿的職位，只是由於他能力出眾，才最終免於被解僱。

（二）

波士頓是美國大西洋海岸麻薩諸塞州的中心城市，擁有筆直的街道、奇特的建築及濃厚的學術氛圍。著名的哈佛大學和麻省理工學院就坐落在這座古老的港口城市的郊外。尤其是在波士頓的公立圖書館裡有著極其豐富的藏書。

愛迪生青年時代最愉快的一段生活，就是在波士頓度過的。可以說，波士頓也是愛迪生踏上發明家征途的起點。

像以往一樣，愛迪生在西聯公司上班時也是上夜班，這樣他白天就能在自己租住的小屋裡學習研究或者做實驗。

電報局設在過去的一個餐廳裡，餐廳為電報局留下了一大群蟑螂。深夜，夜班職員吃宵夜時，牆上、地上都是蟑螂。

為了消滅這些惱人的不速之客，愛迪生在桌子前面的牆上釘了兩塊金屬板，把電池的兩極分別接在兩塊板上，這樣在牆上亂爬的蟑螂一接觸到兩塊金屬板上，就會發生短路現象。於是，這些不速之客也就「化作一縷青煙」了。

有個記者看到這一發明後，在當地的報紙上發表了這個消息。但電信局夜班人員擔心此事被宣揚出去，因此禁止對蟑螂施行電刑。

一天，愛迪生在書店裡買了一本《法拉第電學研究》。麥可．法拉第（Michael Faraday，西元一七九一年至一八六七年）是英國著名物理學家，電磁學說的創始人，被稱為「電學之父」。與愛迪生一樣，他幾乎沒上過學，但卻有著頑強的自學精神，最終創建了磁力線和磁力場概念。而他的最大發明，則是現代電學的科學基礎。

法拉第的這本《法拉第電學研究》內容淺顯易懂，沒有高深的數學推導，關於電的知識比愛迪生讀過的其他書籍都詳實。他清晰而又準確的敘述了自己的思想和觀點，讓愛迪生十分佩服。愛迪生喜歡這位天才的科學家、電子奠基人的著作，為買到這本書而驕傲，並開始仔細研讀。後來他曾說：

「一生中對我幫助最大的書，就是《法拉第電學研究》了。」

《法拉第電學研究》成了愛迪生最要好的朋友，他隨時都將它帶在身邊，常常一覺醒來想到什麼問題，就立即翻開書看看。為了驗證書中的內容，愛迪生每看完一章，就立刻動手做實驗，從而獲得了更加豐富的電學知識。這為他後來很多電工方面的創作和發明打下了牢固的基礎。

西元一七八〇年代到十九世紀最初的幾十年，是資本主義生產中的工業改革時代。在這一時期，機器代替了手工業勞動，工廠代替了手工工廠。

隨著蒸汽機的出現，第二次技術革命爆發了，蒸汽機也成為十九世紀工業發展的動力基礎。資本主義生產的大規模集中化成了十九世紀工業發展的動力基礎。資本主義生產的大規模集中化，也要求新的通訊工具隨之出現，而新出現的大城市也要求新的照明方法和新的交通工具。

在十九世紀與二十世紀交接的時期，工業生產的動力和工藝方面也越來越廣泛的採用電

第六章 走上發明之路

（二）

力，產生了第三次技術革命。愛迪生有幸生活在這個時代，並成為這次技術革命的重要英雄人物之一。

不過，在十九世紀上半葉時，電工技術還是占統治地位的機械技術與蒸汽技術的補充。電工技術的初級階段是電報，在這之前，電化學和電鍍電鑄術是電能的來源，但遠距離傳輸電能首先還是透過電報線來實現。

西元一八二〇年時，法國電動力學的奠基人安培（André-Marie Ampère）建議用電流傳遞資訊。此後，俄羅斯科學家亞歷山大．波波夫（Alexander Stepanovich Popov）製成了第一台適於操作、無線拍發信號的電報機。西元一八三七年，美國的特斯拉（Nikola Tesla）又發明了可以列印的電報機。西元一八五五年，英國的洛奇（Sir Oliver Joseph Lodge）發明了可以打出字母的電報機。

電報技術在特斯拉和洛奇的發明後迅速得到了發展，直到貝爾（Alexander Graham Bell）發明電話前，電報一直都是電信通訊的唯一方式。

美國在南北戰爭結束後，電報網及技術也得到了迅速發展。西元一八六四年，西聯公司已經擁有了三千多個電報局，八萬多條電報線。

雖然那時的電報技術還只是處於發端時期，但那些生產與修理電報設備的人們始終堅信：這種新技術應該可以繼續發展、改進，並逐漸擴大使用範圍。

而愛迪生的發明家生涯，也正是從這日漸興起和廣泛的電報方面開始的。

（三）

在波士頓西南聯合電報公司，愛迪生繼續進行他的發明研究。那時候，波士頓已經湧現出一批電學方面的工作者，其中除了報務員外，還有為學校製作儀器模型的工匠們。愛迪生經常與這些人討論儀器問題。他最常去的地方，就是後來成為電話發明家貝爾的助手、著名工程師查理斯（Charles Sumner Tainter）的電工實驗室。

這期間，愛迪生的腦子裡又在憧憬著一個新的理想，他打算辭去報務員的工作，專心致志的進行研究發明。

查理斯允許愛迪生在自己的實驗室中進行各種實驗。西元一八六八年，愛迪生在這裡完成了他的第一個獲得專利的發明：電子投票計數機。

愛迪生發明這種機器實屬偶然。作為一名報務員，愛迪生在用新聞電報專線報導國會表決情況時注意到，登記議員們口頭表決票數很浪費時間。每次投票時，都要經過繁瑣的程式：需要將每位代表的名字分別呼喚一次。每呼喚一名代表，就要將對他的「贊成」或「反對」記在他的名字後面。

而有了愛迪生發明的這種計數機，每個議員只須按一下他座位前面兩個電鈕中的其中一個，就會發出「贊成」或「反對」的信號。而議員的表決也會立即在議長的辦公桌上記錄下來，並自動進行表決計數。

第六章 走上發明之路

（三）

愛迪生相信，這一發明可以加快國會的工作，節約寶貴的時間，一定會被國會所採納。然而發明並不等於擁有，只有申請了專利才能屬於自己。因此，機器發明出來後，愛迪生便提出了電子投票機的專利申請。

可當他將這種機器拿到麻省的官員們面前時，官員們並不感興趣。而後，二十二歲的發明家愛迪生又將機器送到華盛頓國會特別委員會進行實地示範，並熱心的介紹它的優點，可委員會的主席看到機器迅速完成工作後感嘆道：

「年輕人，如果世界上有什麼發明我們根本不需要的話，恰恰說明那不是我們需要的東西。」

國會的拖拉作風，對少數在野黨派來說，通常是延期通過某個不受歡迎的法案的絕好手段，而拖延表決的戰術也是這種拖拉作風的最好辦法。至於多數黨，他們清楚，如果有一天也成為了少數黨，同樣與少數黨一樣，不會有所改進。

愛迪生的第一個申請專利的發明就這樣被否決了，這也讓愛迪生悟出了一個道理：自己今後的發明方向應該集中在社會需要的課題上，而不是為少數人的需要服務。沒有使用價值，再完美的發明也是個「廢物」。

電子投票計數機雖然沒有產生廣泛的社會效益，但從技術上說還是成功的。報上的報導讓愛迪生出了名，波士頓人都知道有這樣一個發明家。波士頓女子中學還邀請他去做有關電報技術的演講。不善言辭的愛迪生面對那麼多的女學生，竟然緊張得出了一身冷汗。

電子投票計數機雖然能讓國會議員節省很多時間，但時間對他們來說並不珍貴，愛迪生想，如果把這項發明用於時間就是金錢的地方，比如股票交易所，那結果也許就不一樣了。

那時，金融活動日益活躍，證券市場的交易量激增。而交易所現有的股價指示器是用打字轉輪代替指針，將股價變化列印在一張長紙條上。這種設備使用起來經常出錯，股民們對此大為不滿。

愛迪生根據電報的原理對自己的機器進行了改良，研製出了一種可以迅速、便利的記錄交易所行情的證券報價機，其工作原理和工作性能都有了很大的改進。

發明完成後，愛迪生立即申請了專利，並決定在波士頓建立起通訊網。他在波士頓向各個辦公室兜售，徵得了三四十家訂戶後，愛迪生為他們安裝了這種裝置，並用電線與交易所連接起來。

這是一項很有發展前途的事業，但無奈收入太少，愛迪生便轉而去發展各行業商家都可以應用的通訊機械。他設計了一種字母盤，轉動這個盤就可以拼出整個文字，同時傳送到另一個房間的字盤上去，那邊便可以從盤上按字母抄下來，再拼成電文。然後愛迪生又著手開設工廠，僱用幾名職員，專門從事這種通訊機械的製造。

（四）

由於通訊機械的應用範圍逐漸擴大，愛迪生又想到了他的電報印刷機。這個試驗在波士頓沒有獲得成功，他想在紐約也許能成功，便動身前往紐約去發展事業。

不幸的是，他的新機器在紐約也到處碰壁。無奈之下，愛迪生再次返回波士頓，開始繼續研製他的二重發報機。

自從拍發電報的距離延長、電報網擴大之後，便出現了提高線路使用率的問題，即用各種強度和方向的直流電在一條導線上多次、同時拍發電報。

愛迪生早就想發明一種可以同時在一條導線上發送兩份以上電文的機器了，他將其稱為二重發報機。早年在印第安那的波利斯和孟菲斯，他都做過這方面的實驗，但都因此而被上司趕出了電報局。

不過，愛迪生的想法卻得到了好友亞當斯的理解和支持，他對愛迪生說：

「你的這個發明很重要，如果能夠成功，等於在鐵路線上鋪設了雙軌，一條線就變成了兩條線。」

得到好友的支持後，愛迪生開始集中精力進行實驗研究。他每天將自己反鎖在房間中，夜以繼日的實驗，甚至一星期都不出門。餓了，就啃幾口乾麵包，喝點白開水充饑。

有一天，亞當斯來看望愛迪生。愛迪生打開房門後，亞當斯見滿屋子亂得就像一個雞窩一樣，不過實驗好像並不順利。

「有成功的希望嗎？」亞當斯關切的問愛迪生。

「暫時還沒有。」愛迪生苦笑了一下說。

接著，他又執拗的說：

「如果不能成功，我就不出這間房門！」

西元一八六九年初，愛迪生申請在西方聯合電報公司的線路中進行試驗，但西南聯合電報公司對愛迪生的試驗方案並不感興趣，便拒絕了他。

愛迪生轉而又向大西洋－太平洋電報公司提出申請。該公司對愛迪生的提案很感興趣，並借給他八百美元，讓他完善設備的最後部分。

西元一八六九年四月，愛迪生興致勃勃的帶著他的機器來到了大西洋－太平洋電報公司設在羅徹斯特的機房。不僅愛迪生自信滿懷，就連《電報人》雜誌也極為看好愛迪生和他的新發明，竟然想當然的在雜誌上搶先報導，說愛迪生的二重發報機「在紐約到羅徹斯特六百四十公里的一段路上進行的試驗大獲成功」。

然而，這台新設備在實驗室裡雖然運行良好，可在進行長途線路的測試時卻澈底失敗了。愛迪生無比沮喪的返回了波士頓。

由於已經辭掉了電報局的工作，沒有收入來源，而愛迪生又一向沒有儲蓄的習慣，賺來的錢幾乎都用來做實驗了，此時的愛迪生身無分文，一無所有。

第六章 走上發明之路

（四）

更加雪上加霜的是，他的證券報價機此時也出了故障，不能良好的運行。愛迪生的事業陷入了難以為繼的地步。

借來的錢也全都花光了，不但沒錢去專利局登記他的發明，就連吃飯都成了問題，而且隨時都可能有被債權人控告的危險。

山窮水盡的愛迪生決定另謀生路，離開波士頓，去紐約重新開闢一片新天地。

西元一八六九年深秋，愛迪生用借來的錢買了一張船票，悄悄的離開波士頓前往紐約。為他送行的，只有他忠誠的朋友亞當斯。

第七章 人生的第一桶金

愛情不會因為理智而變得淡漠，也不會因為雄心壯志而消失殆盡。它是第二生命；它滲入靈魂，溫暖著每一條血管，跳動在每一次脈搏之中。

——愛迪生

第七章 人生的第一桶金

（一）

（一）

當愛迪生從曼哈頓的哈德遜港下船後，他已經身無分文。愛迪生在回憶起自己初到紐約時的窘迫情景時說：

「西元一八六九年一個深秋的早晨，法爾河的汽船把我從波士頓載到紐約。那時，我剛滿二十一歲。我帶著我的毛氈捆成的背包，從甲板上走下來時，周身打量了一下自己，才知道我的口袋裡已經沒有一文錢了。我所有的錢都用作了旅費。

「我覺得自己已經很餓了。一個流浪的少年，怎麼做能得到一頓早飯呢？這是個很難回答的問題。我在步行中抬頭一看，我正經過一家製茶店。從門外一窺，老闆正在門口熱氣騰騰的鍋裡分辨茶的種類。我走了進去，問他可不可以給我一小杯，他很客氣——這就是我在紐約城裡如何得到第一頓早餐的情形。」

愛迪生喝完茶後，覺得胃裡舒服了許多，他由衷的對老闆說：

「這麼好喝的茶，我還是第一次喝到呢！」

老闆聽了，高興得眉開眼笑，大方的送給了愛迪生一小包樣品茶。

拿著這包樣品茶，愛迪生到了一家小吃店，然後和店老闆商量以物換物。老闆聞聞茶葉的味道非常道地，就爽快的給了愛迪生一塊蘋果布丁和一杯熱咖啡。愛迪生風捲殘雲一般將布丁和咖啡喝得一點不剩。

肚子填飽了，住處問題還沒有解決。由於沒有找到紐約的熟人，愛迪生只好露宿街頭，用這種獨特的方式度過了他初到紐約的第一夜。

第二天，愛迪生到羅斯柴爾德家族（Rothschild）創辦的黃金情報公司求職，在這裡工作的富蘭克林．波普（Franklin Leonard Pope）非常欣賞愛迪生的才華。但遺憾的是，當時公司並沒有合適的職位給愛迪生，波普就讓愛迪生暫時先在機房裡住下，慢慢等待機會，並借給他一些錢維持生活。愛迪生用機房裡的幾個破麻布袋做了一個簡單的床鋪。

愛迪生在傳送黃金行情的機器旁邊住了下來，仔細觀察、揣摩機器的工作原理。每當職員下班後，他就四處查看，悉心研究。很快，他就掌握了機器的每一個細節。那種機器十分簡單，很像是街上電車裡面的一個車費登記機——包括一個長方形的小盒子，前面有一個長橫門，幾排平列的數字，被兩個鍵管理著。這樣的機器，在公司裡大約有三百多個，都由總廠的一座總機器控制著。

不久，愛迪生的命運就出現了轉機，而這個轉機完全源於對這台機器的研究。當時的金融行情非常吃緊，金價的改變足以決定全市的物價和市價。金價指示機稍微受到一點擾動，其影響都是十分嚴重的，市面會馬上出現一種恐慌的情形，彷彿每一分鐘都有一觸即發的形勢。

意外就在這時發生了。這天，公司總廠的資訊發送主機突然不運轉了，整個證券交易系統都陷入癱瘓狀態，管理員驚慌失措，完全不知道該怎麼辦。公司總裁飛奔過來，查明是怎麼一回事

第七章 人生的第一桶金

（一）

時，也束手無策。如果總機器都不能修好，那麼其他機器就不能正常工作——而現在，市面已經瀕臨崩潰的危險了。

愛迪生當時正好在場。他看到這混亂的局面後，一聲不響的到機器旁邊仔細觀察起來。很快的，他就發現在密如蛛網般的彈簧中，有一根已經斷裂了，正好卡在兩個齒輪的中間，導致整部機器都停止了工作。

於是，他馬上對暴跳如雷的總裁聲稱自己可以修好。總裁一聽，彷彿抓到了救命稻草一般，也沒看清楚眼前的人是誰，就連聲催促：

「那麼就趕快修！趕快！」

愛迪生要來工具，小心翼翼的卸去壞掉的彈簧，然後慢慢將齒輪復位。隨即，機器恢復了正常的運轉。人群發出一陣歡呼聲後，迅速散去，一場危機解除了。

總裁將愛迪生叫到自己的辦公室，詳細的詢問了他的來歷，並考問了他有關機械方面的知識。愛迪生如數家珍般的回答讓總裁很滿意，當即拍板錄用了愛迪生。

一個月後，波普辭職自己創辦公司，愛迪生便直接接替了他的職位，月薪是三百美元。從兩個月前一文不名的來到紐約，到如今榮任公司的總工程師，愛迪生的人生軌跡就這樣發生了戲劇性的變化。

（二）

愛迪生上任後，便著手改進了羅斯柴爾德家族的機器，並申請了專利。改良後的金價指示器足以與羅斯柴爾德家族的競爭對手——電報傳送黃金與股票行情公司的設備相媲美。這為西聯公司造成了意想不到的競爭威脅，於是，西聯公司兼併了羅斯柴爾德家族的公司，拉弗茲（Marshall Lefferts）接管了領導工作。愛迪生再次成為西聯公司的職員。

西元一八六九年九月二十四日，國庫拋售國家黃金儲備，黃金價格急速下降，黃金投機被制止了。不久，愛迪生辭去了公司的職務。

一週後，即十月一日，愛迪生與老朋友富蘭克林．波普合作，創辦了他們自己的公司——波普—愛迪生公司。公司的地點設在百老匯七十八號至八十號的股票交易大樓裡。

這是美國這一類公司中的第一個電氣公司，主要承辦私設電信線的工程。愛迪生在《報務員》雜誌上刊登了公司成立的消息，消息中有一句話是：

「在電報業務領域，本公司已遙遙領先。」

這一年，波普還不到三十歲，愛迪生二十二歲。波普主要擔任公司的業務管理，愛迪生則擔任發明工作。

為了省錢，愛迪生租住在紐澤西伊莉莎白市的波普家中。此外，他還在別處另外設立了一間發明實驗室。那裡離他的住處相當遠，在一位醫生診所的裡面。

第七章 人生的第一桶金

（二）

愛迪生後來這樣形容當時的情形：

「我每天早晨六點鐘起床，七點搭車到紐約，在事務所工作到下午六點，然後和波普分手到實驗室，在實驗室從事發明的構想和實驗，再搭凌晨一點的火車到伊莉莎白站，步行一公里回到住所。冬天寒冷的時候，在途中我常常差點就凍死，上床睡覺往往已經是凌晨兩點鐘了。」

愛迪生一直都勤奮的工作，這時，新公司已經有了兩件發明獲得了專利，一件是金價印刷機，另一件是美國印刷機。然後，波普與愛迪生又在紐約設立了一所私人電報局，專供商家私人通信。後來又設立了第二個，專門向購買者和證券經紀人報告開盤的金價。

西聯公司的拉弗茲得知後，便決定抵禦這種威脅。經過六個多月的努力，他終於和波普－愛迪生公司協定，以一萬五千美元的價格收購了此項發明，愛迪生因此也賺得了五千美元。

隨後，愛迪生與波普又對西元一八六七年羅斯柴爾德家族發明的股票行情指示器作了改進，研製出一種全新的股票行情自動記錄機。這是一種可以自動記錄的脈衝信號機，能自動將透過電報拍來的股票行情列印在紙帶上。這種機器的最大優點在於，如果機器一旦出現故障或卡機時，只要人工輸入「不壅塞」的電訊號，機器便可以恢復正常運轉。

拉弗茲希望可以牢牢控制住愛迪生，因此在愛迪生的這一發明面世後，他馬上找到愛迪生，表示很喜歡這種機器。他對愛迪生說：

「愛迪生先生，無論如何請你把這種發明讓給我，我會按照你的希望付給你發明的權利金。」

接著，拉弗茲又問愛迪生，這項新發明值多少錢。愛迪生心想，如果給他五千美元就足夠了。當然，如果給三千美元的話也說得過去。但是，他不敢貿然提出這麼龐大的數目，而是很謹慎的說：

「還是請經理先生說個價錢吧！」

「那麼好吧，你覺得四萬美元怎麼樣？」拉弗茲試探著問愛迪生。

愛迪生在後來回憶起這段往事時，還清楚的記得當時的情景：

「聽到這個數目，我幾乎要昏厥過去。我擔心他會聽見我的心跳，所以我盡力的控制著自己的感情，表示這個價錢還算公道。」

兩天後，愛迪生與拉弗茲簽訂了轉讓專利的合約，也掘到了他人生的第一桶金——四萬美元。

愛迪生從來沒用過支票，對如何用它也一無所知，他也不知道支票必須有拉弗茲的簽字才能兌現。因此，當他拿到支票後，便迫不及待的衝出辦公室，直奔銀行。

銀行職員看到支票後，拒絕支付給愛迪生現金。愛迪生以為銀行職員故意刁難他，衝著對方大聲嚷嚷。職員告訴他，請他去簽字後再來。可是愛迪生的聽力不好，聽不清楚職員說什麼，以為支票是假的，認為自己上了拉弗茲的當。他馬上跑出銀行，怒氣沖沖的去找拉弗茲算帳。

拉弗茲看到愛迪生氣急敗壞的樣子，忍不住哈哈大笑。他一邊耐心的向愛迪生解釋其中的原因，一邊簽字後派人與愛迪生一起去銀行。

銀行職員又看到愛迪生折返回來，覺得十分好笑，便故意捉弄他，在他面前迅速堆起了一大堆小面額的鈔票。愛迪生傻了眼，因為缺乏和銀行打交道的經驗，他不懂得自己完全可以拒收這些小錢，而要求對方支付大面額的鈔票。

可憐的愛迪生將四萬美元塞進身上的所有口袋，弄得臃腫不堪。走在回家的路上，他生怕警察把他當成強盜抓去。

回到家後，面對一大堆的鈔票，他還是感到不安，於是徹夜不眠的守著這些財富。第二天一大早，拉弗茲便幫他把錢送到銀行，開了一個帳戶，把這些錢存了進去。拿到銀行的存摺後，愛迪生才放心的鬆了一口氣。

（二）

有了雄厚的資金作為後盾，愛迪生開始目標堅定的向著職業發明家的角色轉變。拉弗茲深感愛迪生身上蘊藏著的無限潛力，就主動將自己的一個親戚——威廉姆．昂格爾介紹給愛迪生。昂格爾是一位機械師，剛好可以成為愛迪生進行發明的得力搭檔。

西元一八七〇年，愛迪生在紐澤西州紐華克市的沃德街十號與十二號建立了一座工廠，專門製造各種電氣機械。很快，他就接下了大量的訂單，而最大客戶就是西聯公司的拉弗茲，一次曾訂購了一千兩百台機器。工廠的工人也迅速由十幾個人增加到一百五十人之多，二十四小時不間斷進行生產。愛迪生也因此而一躍成為工商業界的佼佼者，很多投資商都主動上門，與愛迪生洽談合作事宜。

這時期，一批政界和金融界的要人，其中包括美聯社前總裁丹尼爾．克萊格、時任財政部副部長的喬治．哈林頓、聯合太平洋鐵路公司財政部長約西亞．瑞夫等人，他們有意投資創辦一個大型的企業——自動電報公司。但創辦公司就需要有一個技術上的前提——必須解決好自動發報系統中列印設備速度太慢的問題。為此，他們找到了素來以擅長發明革新聞名的愛迪生，委託他來負責這個被命名為「美國電報工程」的專案。

為了能替新成立的自動電報公司研製出相應的設備，西元一八七一年，愛迪生又在紐華克市設立了第二個工作室，規模要比第一個大得多。

第七章 人生的第一桶金

（三）

有一次，愛迪生接到了差不多三萬美元的訂單，他將工人全部聚集在一起，然後說：

「如果不能把這批產品完成，我們誰也不能出去一步。」

為了能讓工人們安心工作，愛迪生甚至鎖上了工廠的大門。接著，愛迪生與工人們一起連續工作了六十多個小時，幾乎每個人都沒有睡覺。工人們的妻子站在工廠門口哭喊，愛迪生也沒有心軟，而是堅持完成了這批貨。然後，愛迪生對大家說：

「現在，大家可以回去好好睡一覺了，醒來後如果覺得這裡的工作不好，就可以不必回來了。」

可是，不到二十四個小時，工人們全部都回來了。

愛迪生的工廠實行按件計酬，當某項工作完成後，他就會給工人們增加薪資，或者開宴會，有時還會帶全體工人去釣魚。因此，工人們都從心裡佩服這個有著優秀才能、率先做員工兩三倍工作的年輕老闆。他們相信，愛迪生的腦袋本身就是一部精巧的發明機器，只要人們能預見到將會發生什麼問題，愛迪生總是能夠即時加以排除。

據一位熟悉愛迪生的工人說：

「愛迪生的辦公桌通常放在工廠的牆角，每當他完成一項發明時，總是要馬上站起來，開始跳一種類似於非洲大陸土人跳的那種原始舞蹈，藉以表達他完成發明的喜悅心情，並且，嘴巴裡還不停埋怨這麼簡單的方法他為什麼當初沒想到。這似乎已經成了一種信號，工人們一看到他跳舞就會圍過來，接受這個年輕老闆的明確表示，先是繪圖，接著便是動手製造。」

GE奇異的誕生

從發明燈泡到製造火箭

隨著工廠的建立和業績的成長，愛迪生真正成為美國東部世界巨大工業的組織者。他不但足智多謀，還特別知人善用、組織人才。比如，他將公司的財務工作交給一位能把他的事業管理得井井有條的商業經理；他還請來了諸如英國工程師查理斯．巴切爾、瑞士鐘錶師約翰．克羅西、德國技師西格蒙．伯格曼，以及無所不通的約翰．奧特等一大批優秀的人才。

愛迪生在紐華克市共生活了五年。這五年對於愛迪生來說，是十分輝煌的五年。他將廠房的一部分用作實驗室，有時他就獨自一人在裡面做實驗。但在這期間，許多發明家都慕名來拜訪他，讓他花掉了大量的時間應酬、接待這些發明家。

（三）

第八章 不斷問世的發明

人生太短，要做的事太多，我要分秒必爭。

——愛迪生

（一）

愛迪生能夠取得現在的成績，得益於他的母親南西。對於母親給予的教益，愛迪生有著說不盡的感激之情。

然而西元一八七一年四月的一天，愛迪生收到家書，得悉母親病危。他馬上放下手中的工作，返回家中。

母親的頭髮已經全白了，被病魔折磨得十分消瘦。聽說小兒子回來了，母親極力睜開眼睛，用微弱的聲音問道：

「是阿爾嗎？」

「是的，媽媽。您一定要好起來，我的事業才開始起步呢！」愛迪生緊握母親的雙手，哽咽著說。

母親嘆了一口氣，說：

「阿爾，我不行了，我會在天上看著你努力工作的。」

愛迪生淚如雨下，泣不成聲。對他來說，母親比任何人都重要，可是現在，這位他最敬愛的母親卻要永遠的離開人世了。

四月九日，母親南西與世長辭，享年六十一歲。愛迪生將母親埋葬在休倫湖畔的山坡上。

參加完母親的葬禮，愛迪生拖著疲憊的身心回到紐華克工廠。他知道，對母親最好的紀念與報答，就是加倍努力的工作。

就在愛迪生夜以繼日的埋頭工作時，愛神邱比特之箭卻悄悄的瞄準了他。

一天，愛迪生剛從實驗室出來，天空突然下起了大雨。愛迪生拿著傘下樓，忽然看見門口有兩個年輕的小姐在躲雨。

「把我的傘借給妳們吧，好不好？」愛迪生關切的問。

兩位小姐有些害羞，也有些意外，沒敢搭腔。她們都認識眼前這位大名鼎鼎的發明家愛迪生。還是比較年輕的女孩勇敢一些，說：

「那麼，就謝謝您了。」

愛迪生很快得知，這是兩位姐妹，姊姊名叫瑪麗．史迪威，十六歲，是紐華克工廠裡新來的員工；妹妹叫愛麗絲。瑪麗長得端莊秀麗，全身都散發著嫻靜嫵媚的氣質。愛迪生當即就被她深深的吸引住了。

愛迪生是個做事果斷的人，面對自己喜歡的女孩子，他一點也不含糊。因此一有空，他就跑到瑪麗工作的地方去看望她。瑪麗發現，愛迪生智慧過人，富有熱情，充滿了活力，是個十分優秀的青年。她尤其佩服愛迪生在工作時的刻苦精神，對愛迪生也頗有好感。不久，兩個人便相戀了。

愛迪生每天忙於工作，不能經常與瑪麗見面，因此他就把瑪麗調到自己的實驗室工作。瑪麗不但溫柔、善良，還有非常聰明的頭腦和勤快的手腳。兩個人對生活、家庭和工作都有著相同的

第八章 不斷問世的發明

（一）

觀點，因此彼此的感情也更加密切。

西元一八七一年十二月二十五日，耶誕節的這一天，愛迪生與瑪麗舉行了婚禮，當婚禮儀式一結束，愛迪生就悄聲的央求新娘說：

「親愛的，我有點事需要去工廠一趟，一會兒回來陪妳吃晚飯，好嗎？」

瑪麗點點頭，同意了。她想，在結婚這樣重要的時刻，愛迪生是不會耽誤很久的。可沒想到，愛迪生這一去竟然再也不見人影了。

原來，就在婚禮進行過程中，愛迪生腦海裡突然出現了一個解決自動電報機的方法，這也是他近來一直冥思苦想，但一直未能解決的問題。因此婚禮儀式一結束，他就馬上飛奔到實驗室。

時間一分一秒過去了，愛迪生還像著了迷一樣繼續工作。後來，一個工人來實驗室，看到愛迪生還在做實驗，就大聲喊道：

「先生，您果然在這裡啊！您趕快回去吧，新娘都要急壞了！」

「現在幾點了？」愛迪生問。

「已經是夜裡十二點了！」工人回答。

「天啊！糟糕，我必須回家，今天可是我結婚的日子！」

(二)

婚後，愛迪生夫婦和愛麗絲一同搬進了新居，那是愛迪生在紐華克市買下的一棟單獨的住宅。此後，夫妻倆又到尼加拉大瀑布進行了一次短暫的蜜月旅行。

回來後，愛迪生便又將自己的身心全部投入到了工作上面，常常通宵達旦的待在實驗室中，讓瑪麗獨守空房成了家常便飯。瑪麗一方面欽佩丈夫對事業的執著和認真，一方面也漸漸習慣了他的工作方式，所以她默默的承擔著家裡的事情，以便讓愛迪生能有更多的精力去從事發明研究。

愛迪生在紐華克工廠最先展開的項目就是自動發報機。近代電報是用電傳遞資訊的裝置，愛迪生應紐約自動電報公司的邀請，改進了英國人里特爾製造的鑿孔機、收報機、發報機和收報紙條等，還排除了長途電報的技術障礙，使紐約到費城每分鐘通電報可達一千字，紐約到華盛頓每分鐘通電報可達三五百字。

從西元一八七二年到一八七五年，愛迪生又先後發明了二重、四重電報機。在研究二重電報技術時，愛迪生找到了兩種方法，一種是「異向二重報」，即兩個電台可以同時在一條線上發送電報；另一種是「同向二重報」，即一條線上同時可以發送兩個不同的電訊。這時，各種新穎的發明一經過愛迪生的手，就真正發揮出了實際作用來，以往經常出問題的電報收報機也有了顯著的改進，改進後的機器使用起來更加便捷。西元一八七二年，愛迪生獲得了三十八項發明專利權。西元一八七三年，又新增加了二十五項。

在四重電報機的研製過程中，愛迪生面臨的問題之一，就是怎樣使電流保持絕對的平衡。不久，愛迪生發現，通常的可變電阻器不適用於他的設備。那麼，能否利用某些半導體在不同的壓力下改變電阻值的原理，來設計一種新型的電阻系統呢？

愛迪生又開始進行實驗。他在一塊鋼板上安裝了一個用絕緣材料製成的圓筒，又在圓筒上裝上五十張用膠浸過的綢片，再用極細的石膏粉將圓筒填充起來。

在綢片的上方，愛迪生又裝了一塊金屬板，借用螺旋裝置按照不同的刻度來改變對金屬板的壓力。隨後，他將這一裝置接入電路中，試驗的結果顯示：當壓力最小時，阻抗為六千歐姆（Ω）.;如果將金屬板用力旋轉到底部，阻抗值竟然能夠降至四百歐姆。

試驗成功了，愛迪生終於找到了平衡電流的方法。這個發現，在他日後發明電話過程中也發揮了很大的作用。

平衡電流的問題解決後，其他問題也就迎刃而解了。

西元一八七四年秋，愛迪生帶著他的四重電報機到西聯公司的電報室中進行試驗。線路的兩端是紐約和阿爾巴尼亞。當時，天氣十分惡劣，但愛迪生早有準備，並在紐約選用了最出色的電報員。因此在風寒的侵擾下，試驗照常進行。結果顯示，愛迪生發明的四重電報機性能良好。後來，它們被安裝在連接紐約與波士頓和費城的線路上。

愛迪生發明的四重電報機，是他在電報方面做出的最為偉大的發明，也是繼摩斯（Samuel

Finley Breese Morse）以後在電報學上做出的最重要貢獻。截止一九一〇年，由於採用了愛迪生發明的四重電報機，僅僅在美國就節省了約兩千萬美元的費用。

（三）

西元一八七四年十二月底，關於四重發報機的研製工作已接近尾聲，西聯公司答應付給愛迪生五千美元，並出價兩萬五千美元購買了相關專利，每年還會付給他兩百三十三美元，作為使用這一設備的費用。

然而遺憾的是，西聯公司並沒有履行合約，也沒有付給愛迪生任何款項。因為此時，曾答應支付專利費用給愛迪生的公司總裁奧頓離開了紐約，該公司總監艾克特將軍通知愛迪生，說西聯公司將拒付任何款項。不過他說，金融界大老傑．古爾德（Jay Gould）想購買這種四重發報機的專利。

關於古爾德，人們稱他是靠製造「恐懼和恐慌起家的」，他「在以金融詐欺和惡棍行為著稱的世紀中，總是不擇手段的損害自己的朋友」。愛迪生在晚年時曾這樣評價古爾德，說他「冷酷無情，良知麻痺，不知建設事業之可貴，圖利而已」。但作為平衡，他又表示對古爾德並無怨言，「因為他在他的行業中是頗為能幹的，只要試驗成功，其他問題都是次要的」。

十二月二十八日，愛迪生在紐華克工廠裡為古爾德示範了他的四重發報機的性能。一月四日，古爾德出價三萬美元，買下了愛迪生四重發報機的專利。

對於這三萬美元，愛迪生是這樣使用的：

「這筆錢我全部用來試驗一種六重發報機，結果未能成功。從財務的角度來說，如果不發明那個四重發報機，也許我的經濟狀況會比現在更好些。」

控制著西聯公司的古爾德從愛迪生的發明中也獲得了龐大的利益。關於這點，我們從愛迪生在西元一八九二年發表於《科學美國人》雜誌上的文章中可以看出：

我的四重發報機系統中的每一公里半的電線，就相當於以前的六公里電線的功用，他使用的這種四重發報機系統，加總起來就等於省去了價值一千零八十萬美元的三十五萬公里長的線路。而且，這些省去的線路無須進行檢修。如果按照以往每年每一公里半要價四美元的檢修費用計算，每年共合計節約八十六萬四千美元。此外，還省去了借貸一千零八十萬美元建造基金所要償付的利息。

愛迪生是敵不過古爾德的。西元一八七五年，愛迪生與古爾德的關係澈底斷絕，而與他的訴訟糾紛竟然延續了三十多年。

西元一八七五年，愛迪生在無意中曾做過電磁波的實驗。他發現繼電器在工作銜接間會放出電火花，於是就將導線的一端接在銜接鐵上，將另一端對著附近的金屬導體的尖稜頂角進行試驗，發現在金屬與導線之間有火花產生。愛迪生將這一現象取名為「乙太（Luminiferous aether）」。

愛迪生的這個實驗，其實是發現了電磁波沿著導線周圍空間傳播的事實，不過當時他正在為迎接西元一八七六年費城舉辦的慶祝美國成立一百週年博覽會而忙碌，為博覽會研製炭質電話機和留聲機，這讓他不得不放棄對乙太的深入研究。

第八章 不斷問世的發明

（三）

西元一八八八年，赫茲（Heinrich Hertz）的電磁波實驗獲得了成功後，愛迪生曾十分惋惜的說：

「讓我感到不解的是，為什麼我沒有想到利用這些結果！」

此後，愛迪生又將打字機進行了改良，這也是紐華克時代的大事件之一。一天，克里斯多福．拉森．肖爾斯（Christopher Latham Sholes）帶來一部用木頭做的打字機模型，請愛迪生幫忙改進。愛迪生毫不猶豫的答應了。

經過愛迪生的改良後，這個模型的實用功能增加了很多，這就是後來的名牌「雷明頓打字機（Remington）」。

打字機完成後，愛迪生高興得說：

「這樣一來，寫字的時間就能縮短，政府和公司的辦事效率也會提高，過不了多久，就一定會有很多人來購買的。」

最終，打字機在全世界都得到了普及，為人們帶來了快捷和便利。

之後，愛迪生又發明了「火災警報器」、「石蠟紙」、「自動電氣筆」等。為了讓研究更多更好的進行，他請父親幫他選了一塊景色秀麗的地方，另外建立起了自己的實驗室。

第九章　門羅公園實驗室

榮譽感是一種優良的品格，因而只有那些秉性高尚積極向上或受過良好教育的人才具備。

——愛迪生

（一）

西元一八七六年，二十九歲的愛迪生從紐華克市遷居到紐約城外四十公里遠的門羅公園。在這裡，他從事發明實驗約十年，一直到西元一八八六年。

這個實驗地點是父親山繆爾選定的，實驗室的建築則是由愛迪生親自設計的。這裡環境優雅，配套設施齊全，非常適合作為研究使用。

愛迪生將這塊新的實驗基地命名為「門羅公園研究實驗室」。他為這所新設立的研究實驗室配備了大量先進的科學設備，價值達四萬美元，並擴充了圖書館。門羅公園實驗室的建立，不僅在愛迪生一生的事業中具有難以衡量的意義，在美國歷史上也是一個創舉。因為這是美國第一個有組織的工業科學研究機構，它「標誌著群體研究的開端」。

對於研究實驗室及自己的定位，愛迪生有了清醒的認知。他認為，門羅研究實驗室的任務，就是研究人們生活中的實際需要，然後設法研製出滿足這種需要的東西來。他相信，研究實驗室可以根據發明新產品而盈利。至於自己，愛迪生做了這樣一番自我評價：

「我只是純粹的發明家。不論是我的研究，還是我的試驗，其目的都是為了發明一種具有商業用途的物件。我認為，稱我為科學發明家，而不是機械發明師，也許更合適。」

將實驗室當成一個商用的專業研究組織，這在當時還屬於一個開創性的新鮮事物，因此受到科學家和企業家們的質疑。一方面，科學家對這種過於「唯利是圖」的研究不屑一顧；另一方面，企業家們對以科學發明的方法來發展工業難以置信。

不過，愛迪生根本不在意人們的看法，只要認準了目標，就勇往直前的做下去。一些致力於科學發明的人才也成為愛迪生志同道合的朋友，跟隨他一起來到了門羅公園實驗室。其中，有兩個人與愛迪生的合作最為默契，一個是英國人巴特勒，他做事仔細認真，剛好彌補愛迪生的衝動毛躁，並且總能準確領會愛迪生的構想，將它轉化為詳細的圖表；另一個是來自瑞士的克魯西，他心靈手巧，能夠根據愛迪生粗略的描述和巴特勒繪製的草圖，製作出各種精良的機器和設備。

愛迪生認為：「發明的最佳方法，就是充分網羅足智多謀的天才，然後把他們組織起來，完全的去追求他們的目標」。因此，這個研究實驗室後來也成為美國許多大型工業研究機構的前驅，對美國重視實用科學研究傳統的形成產生了重要影響。

美國著名歷史學家丹尼爾．布爾斯廷（Daniel J. Boorstin）說：

「愛迪生的發明工廠是道道地地的工廠，他打算在工廠裡將發明變成大規模的買賣，以滿足市場的需要。雖然這個工廠辦在一個與世隔絕的村莊中，但它的目的不是要成為一個完全的研究所或科學思考的退隱地。正如火爐工廠把能夠製造火爐各種部件的工人調集到一起一樣，愛迪生是要把能夠製造一項發明物不同零件的人調集到了一起。」

在門羅公園實驗室，愛迪生就像一個大家庭的家長一樣，一切都由他說了算。而他所做出的決定，基本上都是根據他的個人興趣和愛好。這也讓他的實驗室日常管理和專案開發顯得有些隨心所欲，缺少章法。愛迪生隨時都會冒出新的想法，然後讓手下的人馬上去實施，而不是等第一

第九章 門羅公園實驗室

（一）

個項目進行完，再開始新的項目。所以，他們常常同時進行好幾個項目，有的項目也會最終因為愛迪生自己失去了興趣而不了了之。

不過，愛迪生這種隨意無拘的個性也影響了整個實驗室的氛圍。愛迪生的熱情、能力，以及他那興高采烈的精神，時刻都讓這個組織的成員處於一種積極的進取狀態之中。在工作的時候，大家都很投入；但閒暇時，大家會在一起進行一些輕鬆愉快的娛樂活動。在實驗室的一個角落裡，擺放著一架風琴，每當工作告一段落，大家就會聚在一起彈琴、唱歌、抽雪茄。

(二)

早在西元一八七〇年十月，愛迪生就宣稱：

「從此以後，每次發明我都要做一份完整的紀錄。」

來到門羅公園研究實驗室後，愛迪生的這一習慣保留了下來。從發明構思之初到產品模型的製作完成工程，愛迪生都認真的進行記錄，有時是簡單的幾句話，有時是一幅草圖，有時是幾個公式，形式不拘。

愛迪生還準備了一個有兩百多頁厚的筆記本，不論是與朋友用餐還是閒聊，只要想到一種新的思路，哪怕只是很朦朧的想法，他都會馬上拿出筆記本記錄下來，並用草圖的形式將其簡單的表現出來。他的大腦幾乎沒有停止思考的時候，好像每時每刻都能產生新的創意。有的時候，他一天中會不下十幾次的在筆記本上記錄新的方案，一個本子往往用不了多久，就被各種線條、圖表和字元填滿了。

據統計，愛迪生一生中共做了大約三四千本筆記。它們至今都保存在愛迪生國家歷史博物館當中，成為研究愛迪生發明過程的寶貴資料。

在有了自己的研究基地之後，新的發明接踵而來，新的產品也一個接一個的從工廠裡被製造出來。其範圍之廣，遠遠超過以前的紐華克工廠。

西元一八七六年，美國費城舉行了百年紀念展覽會，展出了近一百年來美國的各種發明成

第九章 門羅公園實驗室

（二）

果。其中也包括愛迪生的發明成果，但當時並未占有顯著的地位。當時參加展覽的人們可能做夢都不會想到，愛迪生不久以後就發明出了電燈、電話、留聲機、電影等等，轟動了整個世界，也影響了人類的生活，以至於愛迪生被尊稱為「門羅公園裡的魔術師」。

西元一八七六年二月，亞歷山大．格雷厄姆．貝爾（Alexander Graham Bell）完成了電話的發明，正式向美國政府申請發明電話機的專利許可證。在同一天，以利沙．格雷（Elisha Gray）也完成了這項發明，正式申請專利許可證。而格雷的申請只比貝爾晚了兩個小時。

因此，世界上最早申請「以電線傳送聲音」發明專利權的是貝爾。但是，它的音波極其微弱，必須將它放在耳朵邊仔細聽，才能聽到對方說話，否則就聽不清楚。因此，在參加費城發明博覽會時，貝爾的電話因為聲音太小，大家都認為不過是一個玩具，當時並沒有受到重視。

但貝爾並不甘心自己的發明只被當作玩具，為了讓電話能在大眾中得到推廣，他開了好幾次演講會，宣傳電話的使用優點。儘管阻力重重，但最終貝爾的努力還是有了效果，電話終於漸漸被人們認可。

西元一八七七年，第一份用電話發出的新聞電訊稿被送往美國波士頓的《世界報》，這標誌著電話已為大眾所認可。

同年，貝爾又成立了貝爾電話公司，電話從此開始飛速發展。

西聯公司的威廉．奧頓董事長聽說貝爾成立電話公司的消息後，十分不安，他擔心自己的電信事業，會因此受到貝爾公司的影響而漸漸衰退。因此，他專程到門羅公園找到了愛迪生。

「愛迪生先生，你對貝爾發明的電話有什麼意見？」

「我覺得還是不行。如果他能做得更好，那將是一件十分了不起的事。但就目前的情況來看，我認為它並沒什麼用途。」

「老實說，我今天來拜訪您就是為了這件事。愛迪生先生，您知道，貝爾最近成立了一家電話公司，那麼他必然也會對電話進行改良，最終發展成為電話事業。一旦電話發達了，對於電信事業將是一個嚴重的威脅。所以，愛迪生先生，我想請您盡快將電話改良成實用的東西，來幫助我的公司度過難關。拜託您，務必要幫這個忙。」

奧頓非常著急的向愛迪生說了一大堆好話。愛迪生考慮了一下，答應改良電話，但他聲明，改良電話的用意與貝爾先生是沒有任何關係的。他是想製造出一些世界上所有人都深感需要的東西，這也是他多年的願望，所以他很願意為改良電話而盡力。

（三）

其實早在貝爾向專利局申請電話發明專利時，愛迪生就已經開始留意研究電話技術了，只不過他當時手頭專案繁多，沒有及時將研究進行下去，所以錯失先機。現在既然有人投資支持，再加上愛迪生自己也不甘人後，所以他欣然接受。

愛迪生的研究重點是送話器，當時愛迪生還沒什麼經驗，也沒有書本可以參考，因此只能憑自己的想像進行。他覺得，貝爾的電話系統是由人的聲音產生必要的電流，因而電流十分微弱；而愛迪生認為，應該將人的聲音作為用來控制任意強度電流的閥。另外，貝爾的電話中，導線傳送給電話機的只是原有的弱電流；假如電流通過初級線閥時產生的是更強的電流，這樣就能使通話的距離從原有的幾公里一下子提高到數百公里。

根據這一設想，愛迪生設計製作了一種類似杯狀的發送設備，裡面有一個半導體的圓扣，兩面與鉑盤相連，一只固定在膜上的橡膠筒緊靠鉑盤，對它產生壓力，從而改變半導體圓扣的電阻值。

接下來就是怎樣才能讓聲音傳遞得更清楚響亮。為解決這一難題，愛迪生進行了無數次實驗，相繼研製出五十多種材料製成的不同的送話器。但他始終不滿意，還是堅持不懈的尋找新的材料進行實驗。

一天晚上，愛迪生像往常一樣，在工作台前忙著做實驗，沒注意到煤油燈的燈油已經所剩無幾了。不一會兒，燈就滅了，一縷青煙輕盈的升起，燈罩馬上就被燻黑了。月光透過窗戶灑在工作台上，愛迪生愣愣的看著眼前已經熄滅的煤油燈，一個大膽的想法突然冒了出來：燈罩上的這層炭黑，能不能用在送話器上呢？

愛迪生覺得，這個想法有些異想天開了，但他還是嘗試了一下。以往的經驗證明，許多實驗的成功就是在看似不可能的情況下成功的。

愛迪生小心翼翼的從燈罩上刮下一層炭黑粉末，然後將它塗在小小的圓盤上，再將圓盤裝入話筒。結果他驚喜的發現，從話筒中傳出來的聲音比以往要清晰、響亮好多倍！

愛迪生欣喜若狂，他將這個發明成果命名為碳阻電話送話器，並將其在紐約到費城之間長達一百多公里的線路上進行了試驗，結果無論是通話距離還是聲音的清晰程度，都遠遠的超越了貝爾的電話。

可以這樣說，學術上成功的發明了電話的人是貝爾，而在實用上成功的改良電話的人，是愛迪生。

西元一八七七年四月，愛迪生申請了碳阻電話送話器的專利。西聯公司以十萬美元買下了愛迪生的專利權。愛迪生要求公司不要一次性支付給他，而是在專利有效期的十七年內分期付款，每年付給他六千美元。

後來，愛迪生解釋了自己的這一要求：

「我的雄心比我手中的錢要多得多。我知道，如果這筆錢一次性交給我，我就會一次全部花在實驗上，所以我要讓自己無法做到這一點，這樣，在十七年內，我保證在生活上不至於遇到太大的困難。」

不過，由於當時包括貝爾在內的許多科學研究人員都在致力於電話的研究，由此也產生了許多爭議糾紛，所以愛迪生的申請也被擱置下來。

（四）

自從用上了愛迪生發明的碳阻送話器，電話事業迅速發展起來。一向稱霸通訊業的西聯公司，借助雄厚的資金大規模的發起了商業攻勢，與貝爾電話公司展開了激烈的競爭。他們大肆宣傳稱：

「本公司擁有獨一無二的、具有最新裝置的優等電話設備。」

在很短的時間內，報紙、旅館、鐵路等領域的電話業務都被西聯公司控制在名下。貝爾電話公司的使用者得知這個消息後，都紛紛要求獲得同樣性能的設備，結果導致貝爾公司四面楚歌。為此，貝爾與愛迪生之間也發生了爭執，而且越演越烈。

西元一八七八年秋，愛迪生的碳阻送話器被送到英國進行試驗，並在英國皇家學院進行了展示。在試驗時，線路的一端用的是愛迪生的送話器，而另一端的收話器卻是貝爾的電磁系統。因此，貝爾在倫敦的代表雷諾茲上校馬上提出警告：除非愛迪生今後停止使用貝爾裝置，否則將指控他侵犯專利。

愛迪生得知這一消息後，馬上表示要設計出一種可以繞過貝爾專利的電話接收機。於是，他立即停止對白熾燈的研究，與全體研究人員一起全力以赴的破解電話技術。

三個月後，愛迪生便繞過貝爾的電磁系統，研製出了一種新型的、聲音效果更好的收話器。

西元一八七九年四月，這種收話器與碳阻送話器一起被送到英國皇家學會展示，結果

第九章 門羅公園實驗室

（四）

大獲成功。

在這次展示之前，愛迪生就在英國成立了愛迪生電話公司倫敦分公司，與當地的貝爾電話公司唱起了對台戲。兩家公司經常為了爭取客戶而展開白熱化的競爭。在倫敦的屋頂上，常常可以看到兩家公司的安裝工人故意將對方的線路弄出故障；一旦兩方相遇，就會如仇人一般，甚至大打出手，驚動警方。

事實上，兩家公司當時誰也沒有絕對的技術優勢。貝爾公司的聽筒性能優良，但送話器不行；愛迪生公司的送話器雖然領先，但聽筒卻存在著一定的缺陷。因此，當時雙方主要是較量誰的維修工作更佳。

為了占領英國市場，愛迪生對派往英國的技術人員進行了嚴格的考核。他安裝了一座交換台，配備了十台新的電話機。在考核前，他親自出馬，不是截斷某部電話的線路，就是把它的部件搞亂，或者讓電極變汙。他對參加考核的人員說：

「不論是誰，如果能夠連續解決十個故障，每個故障平均不超過五分鐘，誰就可以馬上去倫敦。」

就在愛迪生與貝爾的電話之爭進行得如火如荼時，西元一八七九年九月，英國郵電大臣約翰．曼納斯博士突然宣布：個人電話公司必須向政府申請許可證後才能營業。

面對共同的行業危機，愛迪生和貝爾兩家公司權衡利弊後，最終決定握手言和。西元一八八〇年六月八日，雙方在倫敦的分公司合併為聯合電話公司，同時申請了三十年的經營許可證。在合併後，愛迪生從公司中獲得了三萬英鎊的股份。聯合電話公司的成立，終於讓愛迪生與貝爾之間的電話之爭宣告結束。

第九章 門羅公園實驗室

（四）

第十章　留聲機的發明

登高必自卑，自視太高不能達到成功，因而成功者必須培養泰然心態，凡事專注，這才是成功的要點。

——愛迪生

第十章　留聲機的發明

（一）

（一）

在三十歲之前，愛迪生所發明的東西，從電信相關的機械開始，大多數都是已經知道原理，或是對別人發明失敗的東西加以改良，使之實用化。唯獨留聲機，是完全由他自己創造出來的。

雖然愛迪生是世界上第一台留聲機的製造者，但最初提出這個設想的人並不是他。早在西元一八三九年，湯姆．胡德在他的《每年笑聞》中寫道：

「在這個發明層出不窮的時代，當自動圖像紙已經問世，可以用來複製可見物品時，誰能否認將來有人會發明一種重述聲音的複寫紙呢？」

當時攝影技術已經誕生，這讓許多富於幻想的人們不禁也開始想像：既然能夠記錄圖像，那麼為什麼不能記錄聲音呢？因此在此後的四十年左右，一個名叫查爾斯．克羅（Charles Cros）的法國科學家也曾提出過留聲機的設想。

西元一八七七年四月，克羅撰寫了一篇論文。在論文中，他描述了一個有關重現人的聲音的實驗。實驗的大概設想是：當人發出聲音後，引起薄膜的振動，由此在一塊塗有燈黑的玻璃上留下細痕；接著，用光蝕的辦法將細紋印在一張金屬盤上，然後再用另外一個薄膜的附件在細紋上移動。這樣，薄膜就能將聲音重現了。

但克羅沒有資金支持，無法進行實驗，所以他只好將論文存放在巴黎科學院。幾個月後，他在與科普作家雷諾聊天時，談起了自己的這個設想。十月，《教區一週》雜誌上刊載了雷諾的一篇文章，詳細的介紹了克羅的實驗構想，並為這種裝置起了一個名字——留聲機。

十一月三日，《科學美國》雜誌上報導了羅莎貝利博士和艾蒂安－朱爾．馬雷（Etienne-Jules Marey）教授的一項科學成果：他們已經成功的錄下了人的喉、唇和顎部的運動過程。

這一系列的資訊刺激了愛迪生，他意識到，留聲機的發明勢在必行。

其實早在西元一八七六年時，愛迪生在進行電話研製時，腦子裡就整天想著聲音振動的理論和利用振膜傳送聲音的方法。繼而他也很自然的想到：既然可以打出再現電報機聲音的紙帶，那麼振膜的振動為何不能記錄下來，再將聲音復原呢？

夏季的一天，愛迪生在與巴特勒閒談時，說起了自己的這個設想。但巴特勒卻認為這是一件非常不可思議的事情。

「那麼我們就來試一試吧。」愛迪生可不是個輕易放棄的人。

「好吧。不過，我可沒什麼信心。」巴特勒不以為然的聳聳肩說。

愛迪生迅速的架起一台設備，將一張列印電報的紙條從中穿過，並在穿紙的過程中大喊了一聲「你好」。

然後，愛迪生將紙條抽出來，與巴特勒側耳趴在機器上，認真傾聽。巴特勒半信半疑的俯下身來——機器中似乎有些莫名其妙的聲音。

「怎麼樣？聽到了嗎？」愛迪生笑著問。

「很奇怪的聲音，沒有『你好』！」巴特勒一臉的茫然。

第十章 留聲機的發明

（一）

「哈哈，你可以發揮點想像力嘛！」愛迪生笑了起來。

「你竟然捉弄我！」巴特勒也笑了起來，「不過說真的，我覺得你還是有些異想天開了，聲音怎麼能夠複製呢？大概只有上帝才能做到！」

愛迪生的好勝心又被激了起來，他不服氣的說：

「好吧，那就讓我們走著瞧吧，我一定能夠發明出能複製聲音的機器來。」愛迪生信心滿滿的說。

從這以後，研究記錄聲音的機器就被愛迪生列入自己的發明計畫當中。但是，當時他正致力於改良他的電報紀錄器等事項，一時還騰不出時間和精力展開這項工作，因此只能在閒暇時間進行一點間斷性的研究。

而現在，已經有人開始設想要發明留聲機了，愛迪生覺得，自己必須盡快將這一發明放到工作日程上，搶在所有人之前，將其研製成功。

（二）

西元一八七七年十二月初，愛迪生將一份留聲機的設計草圖交給了助手克魯西，讓他按照草圖進行製作。

「這是一台什麼機器？」克魯西問道。

「是一台會說話的機器，請你趕快按照圖樣把它做出來。」愛迪生簡單的解釋說。

「天哪！您不是在開玩笑吧？」克魯西幾乎不敢相信愛迪生的話。

「克魯西，按照圖紙做吧，任何奇蹟都是有可能發生的。」愛迪生不再多說，而是吹了聲口哨，轉身走了。

幾天後，這個奇怪的東西做好了，愛迪生看過後感到很滿意。晚上，愛迪生召集所有的工作人員到實驗室來，大家一起見證剛剛問世的留聲機的試用情況。

事實上，此時的愛迪生心裡也沒什麼底。他當時想，就算是只能聽到一兩個字音，就已經心滿意足了，這至少能為他以後的研究提供一些經驗。

愛迪生深吸了一口氣，鎮定了一下自己激動的情緒，然後小心翼翼的將一片薄薄的錫箔捲在滾筒上，把振膜的指針調到合適的位置，然後輕輕的搖起機器上的手柄。

該對著機器說話了，眾目睽睽之下，愛迪生的大腦忽然一片空白，不知道該說些什麼！情急之下，他腦海中閃現出一首童謠來。

第十章 留聲機的發明

（二）

「瑪麗有隻小綿羊，穿著一身白衣裳……」

大家忍不住笑了起來。這時，愛迪生將振膜上的指針移開，將滾筒轉回原位，然後將另一個振膜的針頭對準了錫箔。

他再一次緩緩搖動手柄，每個人都緊張的屏住了呼吸。然後，就聽到機器裡發出微弱的，但無疑是屬於愛迪生的聲音：

「瑪麗有隻小綿羊，穿著一身白衣裳……」

「我的上帝！」克魯西用德語忍不住第一個高喊出來。

接著，大家也都開始發出一聲聲不可思議的驚嘆：

「太神奇了！」

「天哪！它居然真的能說話！」

頓時，掌聲、歡呼聲響了起來，大家紛紛擁向愛迪生，向他表示祝賀。

出乎意料的成功也讓愛迪生激動不已，他由衷的對夥伴們說：

「在我的一生當中，從來沒有像今天晚上這樣吃驚過！」

當晚，愛迪生與克魯西按捺住激動的心情，又反覆進行了試驗，希望留聲機的性能更加優良。最後，他們把錫箔做得更平，搖柄與滾筒也更加穩定。每記錄一歌一文，令其發音，都讓愛迪生和克魯西驚喜萬分。

西元一八七七年十二月二十四日，愛迪生在華盛頓提出了專利申請。次年的二月十九日，申請獲得批准。愛迪生簡直樂不可支，他稱自己的這一發明為「最心愛的東西」。

在申請專利的這段時間裡，愛迪生與助手們對機器又進行了多處精細的改進，製成了一系列的改進型留聲機。在改進的過程中，愛迪生發現，可以用同一振膜記錄和放送。在記下振動痕跡之後，用一個喇叭狀的物體來擴大振膜上的聲波，這樣能增強音量。

不過，儘管進行了這樣的改良，但滾動還是必須用手搖動，因此保持錄製速度的穩定性就是個問題。同時，為了準確再現錄下的聲音，播放時的速度還要與錄製的速度保持一致。不久以後，他們便改用馬達驅動了。

愛迪生的留聲機試驗成功後，馬上就向全世界宣布了這一新聞。一週後，他與詹森首先來到了《科學美國》在紐約的編輯部。該刊的編輯比奇先生在他的專欄中寫道：

「愛迪生先生最近來到編輯部，將一台小小的機器放在了我們的辦公桌上，然後轉動曲柄，機器便開始向我們問安，並問我們是不是喜歡留聲機，告訴我們它一切都很正常，還友善的祝我們晚上愉快。這些話，我們不僅能夠清楚聽見，連周圍聚攏過來看熱鬧的十幾個人也都能聽見。」

各報的記者也都蜂擁而來，想看看這一奇特的發明。愛迪生試驗了一遍又一遍，持續了兩三個小時。

第二天一早，紐約各大報紙都對這項新發明進行了詳細的報導。當愛迪生在公布其對電話的改進時，報界已經稱他為「門羅公園的魔術師」。現在，人們更認為他對這個稱號是當之無愧了。

（三）

西元一八七八年四月十八日，愛迪生在巴特勒的陪同之下，乘車前往華盛頓。他一改往日散漫的裝束，第一次穿上筆挺的西裝出現。因為，愛迪生將要到國家科學院去示範他新發明的機器，而且他希望可以在那裡會晤一些著名的科學家。

剛到華盛頓，著名的報社記者佩因特就上前迎接，稱著名政治家詹姆斯．G．布萊恩的姪女蓋爾．漢密爾頓小姐邀請愛迪生將他的機器帶到她寓所中去，示範給國會議員和外交使節們看，而且海斯總統（Rutherford Birchard Hayes）也打算請愛迪生到白宮去進行示範。

這是愛迪生人生中非常重要的一個日子。他們在威拉德家中吃過早餐後，就出發到史密斯森研究院院長約瑟夫．亨利家中，在他的客廳中示範了那架機器。接著，他又到漢密爾頓小姐家中，向許多社會名人講解了那台留聲機的功用。表演完後，他又匆忙趕去出席美國科學院的集會。在那裡，各界名流已經齊聚一堂，焦急的等待著見識「本世紀最令人感興趣的發明。」

到了預定的時間，主席將愛迪生介紹給大家。愛迪生不慌不忙的將機器放置在演講台上，然後搖動手柄。聽眾們立即聽到有說話的聲音從機器裡發出來：

「今天，本留聲機非常榮幸的在美國科學院為各位聽眾進行表演……」

接著，愛迪生又向大家簡單的解釋了留聲機的工作原理，然後就是現場錄音。這時，現場的社會名流們也顧不上自己的面子和形象了，紛紛蜂擁上前，將愛迪生和留聲機團團圍住。很快，吟詩、歌唱、咳嗽、口哨聲、打招呼聲等，不斷的從機器中發出來。於是，無數的讚美聲將愛迪生幾乎捧上了天。

後來，愛迪生又回到蓋爾．漢密爾頓的寓所，再次受到了熱烈的歡迎和喝彩。

晚上十一點，愛迪生接到通知，說海斯總統要參觀他的留聲機。他又攜帶著這台寶貴的機器，乘坐馬車趕到白宮去。

愛迪生在海斯總統面前的表演仍然十分成功，並且整整表演了兩個鐘頭。在座的賓客有內政祕書卡爾．舒爾茲。

愛迪生後來回憶說：

「我還記得，當我進門時，他正在彈鋼琴。」

在表演時，總統夫人露西（Lucy Ware Hayes）從樓上的寢室中與幾個女客人匆匆下來，也一起來參加愛迪生的表演。愛迪生被大家包圍著，一直到凌晨三點才結束。

愛迪生與他的留聲機在華盛頓掀起了熱潮。社會各界都在議論著這個年僅三十一歲的創造了奇蹟的發明家。人們津津樂道於愛迪生與他的門羅公園實驗室所取得的令人驚嘆的成就，許多人都將愛迪生奉若天才。

西元一八七八年四月一日這天，《記錄紐約》上曾刊登了一篇名為《愛迪生發明了一台可以餵養全人類的機器》的文章。讀者稍微冷靜的分析一下就應該明白，這不過是一個愚人節的玩笑。但許多崇拜愛迪生的人相信他無所不能，竟然都認為這一消息是真的，甚至有不少家報紙還鄭重

（三）

其事的對此進行了轉載。

在愛迪生一生當中的數以千計的發明當中，留聲機幾乎是他的最愛。它不僅為愛迪生帶來了龐大的榮譽，還使他充分體驗到了創造的樂趣和成功的喜悅。

因此，愛迪生曾就留聲機對朋友們說：

「它就像是我的孩子。我看著它長大成人；而當我老了的時候，它將給我安慰。」

（四）

從華盛頓回來後，愛迪生又將留聲機送到了英國倫敦。關於愛迪生新發明的消息就像長了翅膀一樣，迅速從倫敦傳遍了全世界。

當留聲機第一次在倫敦示範時，格萊斯頓首相（William Ewart Gladstone）也出席了示範儀式，並觀看了示範。留聲機裡播出了愛迪生及他的實驗室對首相、對倫敦各界報刊的致辭。

格萊斯頓首相面對留聲機向愛迪生致謝：

「……我十分感謝您給我這個機會，讓我能夠看到我們這個時代的奇蹟之一……請允許我個人向您——貴國偉大的有名望的人士之一——致以熱烈的祝願，祝您健康長壽，成為由於您的天才和努力為人類帶來幸福的見證人。」

西元一八八九年，愛迪生又將留聲機送到了世界博覽會上，於是又一次出現了全場轟動的場面。

當然，在多數人對留聲機表示歡迎和認可的同時，也有人認為留聲機是一種騙局，並大大加以反對。這其中，有一位知名的牧師名叫約翰．H．文森特。

這位牧師一向都為大家所尊敬，每逢他講道時總是座無虛席。但他卻公開表示，「愛迪生是個沒有良心的騙子」。

聽到這樣的謾罵後，愛迪生既不驚訝也不生氣，而是寫了一封很有禮貌的信給這位牧師，邀

第十章 留聲機的發明

（四）

請他到門羅公園實驗室來參觀。

幾天後，文森特牧師來到了門羅公園實驗室。愛迪生首先向他灌入了英國詩人湯瑪斯．坎貝爾（Thomas Campbell）的一首很有名的詩中的一節：

世界上高貴的人們，

不要用輕蔑的笑來聽窮人們虛幻的故事；

還有願望高尚的人們，

也不要用不恥的笑來看他們的勞苦、樸素和喜悅。

當這幾句詩從留聲機中傳出來後，文森特牧師不禁發出了驚嘆之聲：

「沒錯，這真是奇妙！」

然後，牧師詢問他是否可以對著留聲機講幾句話。愛迪生一口應允。牧師以飛快的速度念出了一連串的聖經人名：

「摩西（Moses）、所羅門（Solomon）、亞伯拉罕（Abraham）、腓利門（Philemon）、帖撒羅尼迦（Thessalonica）。」

愛迪生將滾動復位，搖動手柄，看到牧師為從中聽見了自己的聲音而露出的驚奇模樣。牧師曾懷疑留聲機中有鬼，而現在，他只好認輸了。

愛迪生想將留聲機推廣到世界各地，於是派出宣傳員到歐洲各國。西元一八七九年在巴黎舉行的萬國博覽會上，這種留聲機曾在會上陳列，一天當中就有四萬人湧向留聲機的陳列室去參觀。

至於留聲機的功用，愛迪生在西元一八七八年六月寫給《北美評論》中一篇題為《留聲機及其未來》的文章中，陳述了下列十項：

一、繕寫書牘及記錄其他口語
二、留聲機課本，輔導盲人學習
三、教學發音、朗誦和演講
四、欣賞音樂
五、製成會說、會笑、會哭、會唱的玩具，作為饋送兒童的禮物
六、家庭錄音用，記錄孩子談話、臨危者的最後遺言等
七、報時使用，提醒人們用餐、開會或從事其他預定的工作
八，保存名人的談話
九、教學輔導，如記錄教師講課，課後也可隨時收聽
十、作為電話附件，傳送永久性報導

留聲機的以上用途也在生活中成為現實。在美國，留聲機被用於工商業管理領域。來自紐約的一份報導說：

「公司的主管們以及高階職員們，現在都使用留聲機製作備忘錄，留聲機又將備忘錄播放給打字機。」

第十章 留聲機的發明

（四）

同時，留聲機在錄製音樂方面也顯示出了出色的優勢。在西元一八八八年的倫敦亨德爾音樂節（London Handel Festival）上，愛迪生在水晶宮舉行了第一次留聲機音樂錄放表演，取得了非常好的效果。

愛迪生還曾設想用留聲機充當辦公用品，他聽說托爾斯泰（Lev Nikolayevich Tolstoy）平均每天要答覆二十五封來信，便送給他一台留聲機。

此外，愛迪生還設計了一種電話留聲機，就是將留聲機與電話連接起來，自動記錄下電話的內容。

愛迪生對發明產品的要求是：價格低廉、耐用、操作簡便。他很清楚，現在的留聲機還不太完善，不符合普遍的用途。為了提高留聲機的性能，愛迪生斷斷續續，不知花了多少心血，直到八十歲時，還在孜孜不倦的追求唱片的改進。一九二七年，愛迪生完成了一種「長時間演奏」的留聲機，每張唱片能夠保持四十分鐘之久。

第十一章 探索光明的荊棘之路

如果我曾經或多或少的激勵了一些人的努力，我們的工作曾經或多或少或少的擴展了人類的理解範圍，因而為這個世界增添了一分歡樂，那我也就感到滿足了。

——愛迪生

（一）

在十八世紀末以前，人們通常都使用蠟燭、油燈或火焰來照明。但在愛迪生出生的時候，煤油燈都是一種奢侈品，在美國還沒有普及。

到了十八世紀，人們開始燒煤，知道煤會產生瓦斯。英國的一位名叫默多克（William Murdoch）的人利用這種瓦斯發明了「瓦斯燈」。這是西元一八七二年的事，那時愛迪生二十五歲。

但在用瓦斯照明時，空氣中的氧氣會被噴嘴燃燒掉，生活和工作場所的空氣會變得很壞。而且，瓦斯燈是由鋪設在地下的瓦斯管道來供給瓦斯的，如果管道漏氣或瓦斯燈偶然熄滅，瓦斯就會汙染空氣，甚至發生危險。

既然這種照明設備遠不能適合社會和生產生活的需要，那麼尋找新的照明方法就變得日益迫切。深入研究新照明原理的主要任務是避免使用明火，不僅要消除照明設備的易燃性，還要降低氧氣在燃燒過程中的消耗。

於是，科學家和發明家們開始研究電流照明的可能性，加強了對弧光燈和白熾燈的研究實驗工作。

西元一八五〇年，弧光燈就已經研製成功，但這種弧光燈每盞都需要有獨立的電源，這就增加了成本。而且，弧光燈本身是一種強大的光源，只能用於燈塔、露天或大型的公共場所等地方的空間照明，所以還不能被普遍使用。

在這個時期，也有人從事白熾燈的研究，但直到一九七〇年代末期，白熾燈裝置的基本原理才完全形成。

西元一八七八年，賓夕法尼亞大學的喬治．巴克爾教授寫信給愛迪生，邀請他到美國西部的洛磯山旅行。剛好這時愛迪生手上的留聲機工作告一段落，他也想出去放鬆一下。

在努力工作的十年當中，愛迪生簡直一分一秒都沒有休息過。尤其在發明留聲機的過程中，愛迪生幾乎投入了全部的精力，致使他其他方面的工作都暫時擱置下來。而且從著手研製留聲機到成功之後的對外宣傳，愛迪生一直都處於亢奮狀態。結果一段時間下來，愛迪生感到身心俱疲。

所以，當愛迪生把出遊的消息告訴瑪麗後，瑪麗十分贊同。

愛迪生一家計劃去看將於西元一八七八年七月發生的日全蝕景觀，但他此行還有一個目的，就是打算用他剛剛發明的氣溫計來測量一下太陽周圍的氣體溫度。

從少年時代開始，愛迪生就對星星、月亮、太陽等天文知識產生了濃厚的興趣，因此苦心研究發明了這種特殊的氣溫計。

當他們到底懷俄明州時，這裡已經聚集了來自世界各地的觀日者。各大報社也聞風而動，派出了許多記者，使得這次日全食的觀賞活動變成了一次科學盛會。

結果就在日全蝕即將開始時，天氣突然颳起了大風，這對愛迪生的觀測造成了困難。愛迪生

第十一章 探索光明的荊棘之路

（一）

手忙腳亂的調整他的儀器，所幸成功觀測到了日冕的溫度。聚集在懷俄明州觀察日全蝕的天文學家們，無不佩服愛迪生發明的這種用來測量太陽周圍氣體的特殊氣溫計。

觀測完日全食後，愛迪生又一路南行，考察了幾個金礦。這一趟真是不虛此行，他在那裡發現了一種測量金礦儲量的方法。另外，在考察礦廠時，他還被礦工們那肩挑手提的工作場景深深感動了。愛迪生不禁想到：礦廠附近就有個很大的瀑布，要是能夠利用那個瀑布的水來發電的話，就能幫助工人們工作，工人也不用這麼辛苦了。而且，電力不但能供應工廠，還能送到人們的家庭中取暖和炊事之用。還有，如果電力的能量能轉變成光，作為照明的話，那麼人們就不必再使用那些不方便的煤油燈和瓦斯燈了。

其實早在西元一八七七年的秋季，愛迪生就曾做過有關白熾燈的實驗，但由於當時很多人都在從事這個項目的研究，愛迪生便放棄了這個項目。這次旅途中的見聞深深觸動了他，他開始意識到，利用電力來進行照明，對於提高人民的生活品質是多麼重要！於是，對白熾燈的研究熱情再次在愛迪生的心中點燃。

（二）

巴克爾教授告訴愛迪生，康乃狄克州的華萊士（Alfred Russel Wallace）先生正在進行發明電燈的實驗，愛迪生如果感興趣的話，可以去拜訪一下。

西元一八七八年九月初，愛迪生親自登門去拜訪華萊士。華萊士很歡迎這位年輕發明家的來訪，並向愛迪生展示了他的「遠距離發電機」，利用這種設備，十幾哩外工廠裡的弧光燈就可以被點亮。這種弧光燈所發出的光比幾千支蠟燭點燃的還要亮。

愛迪生興奮的來回查看著，一會兒從發電機那裡趕到弧光燈處，一會兒又從弧光燈處趕到發電機那裡，並飛快的計算著發電機的電力和傳送電力可能產生的損失，計算著發電機在一天乃至一年當中所能節省的燒煤量。

這時，華萊士開口說：

「要是這種弧光燈可以像煤氣燈一樣，在家庭中普遍使用，那就更好了。愛迪生先生，您對這點有什麼好意見沒有？」

愛迪生想了一下，然後鄭重的回答說：

「華萊士先生，您對弧光燈的研究成就的確了不起，可是，我覺得您的工作方向是錯誤的，您很快就會落在我的後面了。」

這句話反映出愛迪生當時對白熾燈充滿了信心。的確，在愛迪生的腦子裡，當時就已經產生

第十一章 探索光明的荊棘之路（二）

了電燈的構想。因此，愛迪生一回到門羅公園實驗室便馬上拋開一切，專心研究電燈問題了。

愛迪生認為：電燈系統必須要像煤氣燈那樣簡單，能夠遍布各處，適合一切室內外的照明之用。而且，這種燈還必須結構輕巧，價格便宜，並要無聲、無味、無煙，對人們的健康不會產生不良影響。

愛迪生這個人，不論對任何事，只要他感興趣的，就會澈底進行研究，直到有結果了才會甘心。因此，他不分晝夜躲在實驗室中，開始研讀那些有關煤氣燈的雜誌、論文，以及世界各國的學術報告等。

在研究過程中，他所做的筆記就達二百本，四萬頁之多，這足以看出愛迪生對白熾燈研究的熱情和精力了。

其實在愛迪生研究電燈之前的幾十年間，就已經有人在不斷追求一種經濟實用的電燈了，也累積了不少失敗的教訓和成功的經驗。西元一八八〇年以前的一段時間中，人們普遍認識到製造電燈的可能性，但又存在著一系列重大的技術障礙。要製造電燈，最關鍵的問題就是找到一種既耐熱又不易斷、製造燈絲的材料，又要保證玻璃容器中絕對的真空才行。正是這個難題，讓科學家們的研究舉步維艱。

不過，這樣的困難並沒有難倒愛迪生，他下定決心攻克這一難關。因此他向實驗室的同伴們宣布：

「這一次，我們無論花費多大的代價，都要將實驗進行到底，直到取得成功。」

GE奇異的誕生

從發明燈泡到製造火箭

隨後，他在一篇名為《電與煤氣爭奪通用照明地位》的筆記中寫下這樣的文字：目標：愛迪生要用電力照明取代煤氣照明，不僅要讓電力照明具有煤氣照明的一切優點，而且要使照明設備能夠滿足人們的各種要求。

這是愛迪生為自己制定的目標，也是他對自己立下的軍事命令。

愛迪生也很清楚，研究白熾燈成功的關鍵就是找到製作燈絲最合適的材料，這也意味著他們將進行難計其數的試驗，然後在一次次失敗的基礎上朝著未知的目標靠近。誰也無法預知，成功距離他們到底有多遙遠。

這個過程必然要耗費大量的人力與物力，而且愛迪生從萌發進軍照明設備領域的念頭開始，他所考慮的就不只是白熾燈的發明。在他的腦海當中，已經繪製出了一幅關乎整個照明系統的宏偉藍圖。他的計畫是：將來一旦白熾燈發明成功，就要配以相應的電力系統，讓白熾燈普及到千家萬戶。

愛迪生以他特有的專心致志的精神深入研究與制定了與整個照明系統有關的各式各樣的問題，最終得出了廣泛分散電光問題的可能性。他大膽的決定先將電流分路，再引入住屋裡去點燈。

這是一個完全新穎的思路，他說：

「不僅要使電力照明具有煤氣照明的一切優點，還要能夠為人們帶來熱能和動能。利用熱能，可以烘烤麵包、煮菜；利用動能，可以啟動各式各樣的機械……」

（三）

要進行一項偉大的發明，就必須有雄厚的資金來支撐才行。以門羅公園實驗室目前的資金基礎，是很難支持這麼大一個項目。為了研製電燈的目標能夠成功，愛迪生不得不尋找資金的支持。

不過，由於愛迪生之前在電報業所取得的非凡業績，所以當他剛向外透露出研製白熾燈的計畫時，一批商界名流便聞風而動。

第一個出面支持的人，就是西聯公司的律師格羅斯維諾．P．洛雷。有趣的是，恰恰是他，當年在愛迪生的四重發報機引發的案子中，在法庭上百般刁難愛迪生。如今，透過對白熾燈研製前景的共識，他和愛迪生也算是冰釋前嫌了。

頭腦精明的洛雷建議愛迪生成立一家股份公司，以便為實驗提供經濟援助和專利申請。而且，洛雷很快得到了西聯公司總裁諾爾文．格林博士的支持，同時也得了黃金與股票行情電報公司的主要股東特雷西．R．法布里的支持。他們都表示願意拿出三十萬美元來支持愛迪生進行電燈的發明，並與他合夥創辦電燈公司。但他們表示，他們將同時占有愛迪生在電燈、電力和電熱等方面的一切發明權利，並有權將這些發明專利以專利許可證的形式賣給其他人。

愛迪生經過再三考慮，同時也為了自己的研究能夠獲得成功，最終答應了他們的要求。經過磋商，雙方立即著手成立了業務機構，並定名為「愛迪生電燈公司」，同時積極增添設備，積極開始試驗工作。在三十萬的投資中，先撥付給愛迪生三萬美元作為試驗費用。

籌備工作完成後，愛迪生的研製工作正式啟動了。

在去年秋天曾進行過的關於電燈的實驗中，愛迪生先後用過碳化紙、玉米芯等至少五十種材料進行實驗，但結果都失敗了。最終愛迪生得出結論，要解決電燈的問題只有一種方法，就是電燈的電阻一定要高，散熱一定要慢。

不過，愛迪生始終對「炭」這種物質「情有獨鍾」。他的直覺告訴他，這應該是個突破點。於是，愛迪生讓巴特勒用纖維和各種紙張製成了幾十種碳化紙，並在這些紙的表面塗上燈黑和瀝青的混合物後，將它們捲成毛衣鉤針的形狀，然後進行碳化處理。

但試驗的結果表明，用這種材料製成的燈絲只能在真空中持續發光一兩個小時。

一次次失敗讓試驗舉足不前。究竟什麼樣的材料才能讓燈絲燃燒得更久一些呢？那些天，愛迪生的腦海中整天都縈繞著這個問題。只要見到細一點的東西，他就忍不住拿過來試驗一下。

一直以來都翹首以待的大眾漸漸對愛迪生失去了信心，他們似乎忘記了愛迪生不久前還用留聲機給他們帶來了前所未有的新奇體驗。因此，質疑和批評聲潮水一般湧來，愛迪生電燈公司的股票也開始下跌，當時投資的夥伴也打起了退堂鼓。就連一向崇拜他的門羅公園實驗室的同伴們，也漸漸對成功失去了信心，產生了消極的情緒。

周圍的環境越不利，愛迪生越有衝勁。他咬緊牙關堅持了下來。多年後，愛迪生在回憶這段艱難的日子時，感慨的說：

第十一章　探索光明的荊棘之路（三）

「電燈是我投入精力最多的一項發明，試驗要求也是最高的。但我自己從未洩氣過，也沒有任何覺得發明會失敗的想法。」

在公司的營運方面，幸好有精明能幹的洛雷支持。在穩定投資方面，他可謂功不可沒。洛雷以律師特有的雄辯口才，想出各種辦法安撫投資者不安的情緒，說服他們繼續支持愛迪生。在他的幫助下，很多重要的投資都沒有撤回，從而解決了愛迪生的不少後顧之憂。

失敗也不是完全一無所獲，聰明的人善於從各種失敗中總結經驗出來。在試驗過的製作燈絲的金屬中，鉑似乎是最理想的一種。因此，在多種材料試驗失敗後，愛迪生轉而進行鉑和類似鉑的金屬的實驗，因為這種材料符合電阻高、散熱慢的要求。用它製成的燈絲燃燒的時間大大延長。愛迪生似乎看到了勝利的曙光。

當時製造的燈泡還被稱作「燃燒器」。這種燈泡的燈絲是鉑絲繞成的雙螺旋，它們之間再加一根金屬棒。當燈絲的熱度接近鉑絲的熔點時，金屬棒便會膨脹造成短路，讓燈絲溫度降低。當鉑絲冷卻的同時，金屬棒也冷卻下來，於是電流再次通過。

這個辦法雖然不錯，但也有缺陷。因為在有一定電流通過時，鉑絲發出的光很好；但如果電流通過太多，它就會熔化。

而且，電力供給也存在著困難。常見的直流發電機根本不適用於這種電燈。愛迪生先後購買了多種發電機，效果都不理想。為此，他決定再發明一種更適合的發電機。

這時，愛迪生的實驗室裡來了兩位新的研究人員，他們成為愛迪生的得力助手。一位是對電學特別有興趣的傑爾，另一位名叫法蘭西斯．R．厄普頓（Francis Robbins Upton），是普林斯頓大學的畢業生。

厄普頓可以說是門羅公園實驗室中科學理論最扎實的人，他一開始就領導研究以前所有的電

（四）

燈試驗，並用計算出的資料證明了愛迪生的設想：電燈必須具有一百歐姆以上的電阻，才能成為煤氣燈的對手。

現在，愛迪生又讓他去負責發電機的問題。厄普頓不負眾望，成功的研製出了新型的發電機。

這個發電機可是個大傢伙，有兩根一公尺多高的鐵柱，鐵柱中間是一個繞著銅導線的空心旋轉柱體。另外有一台蒸汽機帶動發電機的旋轉。大家為這台高大的發電機取名為「長腿瑪麗」。「長腿瑪麗」的工作效率很高，比以往的發電機也都先進。它的研製成功，讓愛迪生和助手們倍受鼓舞。

接下來要解決的就是燈泡的真空問題。因為只有在真空的環境下，燈光才能更亮，燈絲的壽命也能更長。愛迪生為此特地聘請了一位來自德國的年輕人——吹玻璃工人路德維格．波姆，讓他負責維護和改進製作玻璃燈泡的真空泵。

波姆的精湛技術得到了充分發揮，他不僅出色的完成了自己的任務，還製作出一些用於密封燈絲的玻璃燈泡。

現在，用鉑做成的燈絲已經能夠亮幾個小時了，可無論用什麼辦法，都不能使鉑的電阻達到愛迪生的要求。而且，鉑是一種稀有金屬，價格昂貴。所以就算能發現一個鉑礦，這個難題也不能永久性解決。

愛迪生還在不懈的進行著這一實驗，試著更換各種不同的材料，製成許多不同直徑、不同形狀的燈絲。有些燈絲細得難以裝進燈泡，有些只要一通電馬上就會熔化。愛迪生還試製了一些複雜的燈具，其中有一種燈安裝了電阻器，利用燈下面的一個小金屬輪來控制燈光的強弱。這樣一來，電流的強弱就可以隨意改變了，既能讓電燈發出微弱的暗紅色，又能發出耀眼的光亮。

最終，愛迪生還是將注意力放到碳絲的實驗上。一直以來，愛迪生都感覺碳絲是最理想的燈絲材料。當初之所以放棄了這種材料，是因為以前的真空度不夠，碳絲熔化得太快。現在真空的難題解決了，鉑絲也沒有達到愛迪生的要求，那麼不妨再用碳絲試一試。

主意打定，愛迪生馬上繼續進行碳化燈絲的試製。各種碳化的軟紙、釣魚線、棉線等製成的燈絲先後進行了嘗試。

經過了幾個晝夜的辛苦實驗後，一天半夜時分，愛迪生與助手巴特勒終於將用碳化棉線製成的燈絲小心翼翼的裝入了電燈泡中，然後抽空燈泡裡的空氣，電路隨之接通，燈絲開始發出微弱的光亮。隨著電流的加強，光亮逐漸加亮。直到最後，它的光已經抵得上三十根蠟燭的光了！

愛迪生密切的注視著這盞燈，心中默默的祈禱著，希望它可以亮得時間長一些、再長一些。從凌晨到清早，從清早又到天黑，這盞燈頑強的亮了整整十五個小時！而且最讓人興奮的是，它的電阻完全符合要求。

愛迪生和助手們又一口氣製作了一根純度更高的碳化棉線，這一次，電燈竟然亮了四十個小時！這一次，愛迪生欣喜若狂的向大家宣布：

「我們已經找到了方向！過不了多久，我們就能讓燈泡持續亮上一百個小時！」

第十二章 照亮世界的「阿拉丁神燈」（四）

第十二章 照亮世界的「阿拉丁神燈」

不下決心培養思考的人，便失去了生活中的最大樂趣。

——愛迪生

第十二章 照亮世界的「阿拉丁神燈」

（一）

（一）

西元一八七九年十一月一日，愛迪生為他的以碳化物為原材料的碳絲電燈申請了專利。當然，愛迪生並沒有因此而陶醉在暫時的勝利之中，隨後的幾週內，他和所有助手們都鼓足幹勁，投入到製造燈泡的工作當中，不斷改變燈泡的尺寸和形狀，不斷變換引入燈絲和密封燈絲的方法等。

直到十二月底，愛迪生才公開宣布他的燈泡實驗大獲成功的消息。為了利用媒體對燈泡進行詳細的介紹與宣傳，他請來了《紐約先驅報》的記者馬歐爾．福克斯，允許他隨意參觀自己的實驗室，並隨意提出問題。

十二月二十一日，福克斯發表了他的關於愛迪生發明電燈的報導，震撼了世界。整個文章占據了一個整版，還在次版占了一整欄，大小標題共有十一個，詳細介紹了愛迪生研製白熾燈的曲折過程，並對白熾燈進行了充滿感情的描繪，形容燈光「就像義大利秋天溫和的落日」，燈泡則是「一個能發出陽光的小球，一盞令人肅然起敬的阿拉丁神燈」等等。

同時，愛迪生也讓助手們製作了一小批燈泡，懸掛在實驗室和門羅公園的道路兩旁，還在自己和巴特勒的家中，以及附近的旅館中安裝上了電燈。然後，他讓工人豎起電線桿，將這些電燈都連接在一起。

夜幕降臨後，愛迪生一聲令下，發電機開始工作，所有的電燈同時點亮了。門羅公園瞬間就

GE奇異的誕生

從發明燈泡到製造火箭

變得燈光璀璨。附近的居民都被這幕奇特的情景震驚了，紛紛來圍觀。不一會兒，門羅公園就聚集了一大群人，大家睜大眼睛，驚奇的仰望著明亮的燈泡，嘖嘖稱奇。整個門羅公園就像迎來了一場盛大的節日盛典。

西元一八八〇年的新年除夕，門羅公園就是用這種神奇的新光源來照明的。從耶誕節到新年的這一週時間裡，人們成群結隊的前往門羅公園，去觀賞愛迪生發明的「奇蹟之光」。

這註定是個不平凡的除夕，在西元一八七九年最後一個寒冷的、大學紛飛的晚上，賓夕法尼亞鐵路公司的火車載了三千多人來到門羅公園。這些來自紐約和費城的參觀者有銀行家、企業家、遊客，還有急於做生意的代理人，甚至還有很多是農民、工人以及各種勞力工作者。

火車到站後，愛迪生啟動發電機，將四十盞白熾燈全部點亮，一個個燈泡就像金色的花朵一般，將黑夜的雪地照得晶瑩透亮。

從火車上下來的人，一個個被眼前的情景驚得目瞪口呆。使他們驚訝的不僅僅是這些燈本身，更多的是這些竟然能隨時開關。這是他們從未見過的最神奇的東西，是愛迪生再一次為他們帶來的驚喜，他們都為歷史上的這一偉大發明而讚嘆不已！

一位當地的老人給這些燈絲取了一個有趣的綽號──「燒紅了的髮夾」。

他喃喃的說：「看起來真是漂亮，可我就是到死也弄不清楚，那些燒紅了的髮夾是怎樣裝入那個玻璃瓶子裡面去的。」

伽利略（Galileo Galilei）曾說過：「光是唯一來自其他星球的信使。」

第十二章 照亮世界的「阿拉丁神燈」

（一）

而現在，西元一八八〇年新年這個不平凡的夜晚，愛迪生卻用他所發明的一種神奇的發光體照亮了整個門羅公園，也第一次照亮了人類的生活。在之後的幾天當中，各種報紙都紛紛刊載愛迪生的這一偉大的發明。

（二）

《紐約先驅報》的報導就像把一塊巨石投入到平靜的湖水中一樣，整個世界都為之震撼了。剛剛過完新年，幾個有頭有臉的人就不請自來，出現在門羅公園。他們是《泰晤士報》駐紐約的記者、《費城大眾紀事報》副主編和費城地方電報公司的總裁。這幾個人對愛迪生發明的燈泡一直都抱持著懷疑態度。

雖然來者不善，但愛迪生還是以禮相待。他不動聲色的帶領幾位來訪者到他們的實驗室參觀，並詳細講解了實驗過程。對來客們提出的種種刁鑽問題，他也都一一的耐心給予解答。

天色漸漸暗了下來，愛迪生心中暗想：好戲馬上就要開場了。

果然，當他招呼幾位客人到門羅公園的一家餐廳坐下來後，餐桌上方忽然亮起的電燈讓客人目瞪口呆。在明亮的燈光下，幾個人心情複雜的吃完了晚飯。

隨後，《泰晤士報》的記者便迫不及待的借用了愛迪生的辦公室，他要馬上為報社撰寫一篇報導。他在文章中是這樣寫的：

有一位「大言不慚」的專家，曾在報紙上自信滿滿的聲稱：「不論愛迪生有多少電燈，只要有一個壽命超過二十分鐘，我就願意付一百美元。而且，有多少，我就買多少。」我永遠忘不了當愛迪生看到這段話時臉上浮現出來的得意的笑容。因為後來這個專家來到門羅公園，被告知他所看到的燈泡已經連續工作了三天。而他，只待了二十分鐘就匆匆離開了。

第十二章 照亮世界的「阿拉丁神燈」（二）

事實勝於雄辯。一向對愛迪生不以為然的反對者們在面對事實時，不得不改變自己的態度。

在西元一八八〇年的新年一開始，還有一位不同凡俗的人物來到了愛迪生的實驗室。這個人的身分可非同一般，他就是俄勒岡鐵路和航海公司的總裁亨利．威拉德。他向愛迪生說出了自己的想法，就是想請愛迪生為自己在紐約港口的新船哥倫比亞號上安裝一個照明系統。

愛迪生設想了一下，一艘燈火通明的巨輪進出於各大港口，所到之處必然會引起轟動，因此這將是一個效果極佳的宣傳方法。因此，他欣然答應，安排厄普頓親自負責這個項目。

幾個月後，四台「長腿瑪麗」發電機和一百五十多盞燈安裝完畢。西元一八八〇年五月九日，哥倫比亞號啟程遠航。船每到一個港口，都會在當地引起轟動，人們紛紛趕來，欣賞這艘燈光閃爍的大船，發出陣陣讚嘆和驚呼。

哥倫比亞號的成功，讓愛迪生看到了電燈廣闊的前景。因此，他對組建大規模城市照明系統的設想更加有信心了，而且立即開始付諸實施。他將工作的團隊人數擴大到了六十多人，還收購了附近的一家舊工廠。

為了讓燈泡適應大量的生產和使用要求，愛迪生仍然堅持不懈的對燈泡、真空泵和燈座等各個部件進行了改進。而對燈泡的改進，則是愛迪生主要的研究內容。在西元一八七九年年末，燈泡還是帶有長頸的圓形，燈絲直伸到最裡端，鉑製的穿入線被封在裡端的頂部，燈泡的頂點是尖的。

幾個月後，愛迪生透過加大燈泡的尺寸來提高燈泡的亮度。後來，他又在燈泡連接處使用了一種德國玻璃，以便燈泡可以得到更好的密封。不久，他又放棄了這種做法，燈泡的形狀也再次發生了改變。

這年夏天，愛迪生在無意中發現，妻子瑪麗用的竹柄扇子上的竹絲進行碳化後，放入燈泡內，燈泡的發光效果比以前任何用過的材料都要好。

愛迪生萬分欣喜。他決定，一定要找到世界上最好的竹子來做電燈的燈絲。

於是，愛迪生詳細調查了有關竹子的材料，目前已知的竹子有一千兩百多種，他準備把一千兩百多種竹子全部拿來實驗。由此可見愛迪生的毅力和魄力的確不同凡響。

愛迪生從研究實驗室的人員中，選出了二十人組成了調查隊，並準備了十萬美元的費用，讓他們前往世界各地的國家和地區，去詳細了解竹子的有關情況。而愛迪生本人也前往西印度群島的牙買加島，拿回各種竹子進行實驗。

愛迪生與研究人員歷盡千辛萬苦，從世界各地採集來了六千多種竹子，最後選定了一種最合適的日本竹子，並與日本農戶簽訂了購銷合約。原材料得到了有效保證，竹製燈絲也立即進行了生產。用這種材料製成的燈絲，可以持續一千多個小時，真正延長了燈泡的壽命。

但是，愛迪生的追求是永無止境的，他對竹子做的燈芯依然不滿意。於是，愛迪生又發明了一種化學纖維代替竹燈芯，將燈泡品質又提高了一步。再後來，愛迪生又將實驗工作重新轉向耐熱的金屬方面，最後才改用鎢來做燈絲。

從此，電燈的發光效率比以前增加了三倍，使用範圍也空前擴大，逐漸遍及了全世界。

（三）

燈絲的問題解決後，接下來就是為照明系統供電的問題了。在門羅公園小範圍內進行照明時，愛迪生使用的是高架電線，但這種電線不能滿足大範圍的通電照明。因此，愛迪生便提出了鋪設地下電纜的方法。但這樣做的前提，是需要找到一種保護電線防止漏電的絕緣材料。

這時，門羅公園實驗室的優勢再次得到了發揮，愛迪生調動手下的所有助手，再一次查遍了幾乎所有關於絕緣材料的資料，然後充分利用各種設備，將每種可能適用的材料都進行了試驗。

最終，研究人員發現，最好的絕緣「配方」是在氧化亞麻籽油中滲入石蠟，再加入一點蜂蠟，然後放入瀝青中煮沸，直至成為膠狀液態。

技術上已經做好了充分的準備，愛迪生接下來要做的，就是在城市中推廣他的照明系統了。

西元一八八〇年十月一日，世界上第一座生產白熾燈的工廠在門羅公園開始生產了。但人們對白熾燈的需求日益增長，讓愛迪生不得不考慮將工廠遷到其他地區，以擴大生產規模。

於是，西元一八八一年，愛迪生在紐澤西州的哈里森城建立了一座新的大型工廠，名為「愛迪生燈泡廠」。這個工廠主要生產的類型是十六支燭光的燈泡，也小量生產八支燭光的燈泡，而光度超過十六支燭光（甚至達到一百五十支燭光）的燈泡也有少量生產。

不過，哈里森工廠生產燈泡的技術最初是相當原始的，其工序都是很繁重的手工操作，所以燈泡的產量較少，而且成本較高。當時第一批生產出來的燈泡，每個成本約為一美元二十五分。

隨著工藝的改進，每個成本又降到一美元一分。

然而，愛迪生卻規定每個燈泡售價為四十分，以便廣大用戶都買得起。這就意味著，每賣出一個燈泡，工廠就要虧損七十分。第一年工廠共賣出二萬多個燈泡，這可不是小數目，虧損的自然也不少。難道愛迪生願意做虧本的買賣？

當然不是，愛迪生可不是傻子，他頭腦精明、有遠見、有魄力。他是這樣想的：燈泡的售價一開始要低於成本，而且這個價格要保持多年不變，但以後隨著工藝的改進，燈泡的成本定會大大降低，這時仍以當初的價格出售，自然會獲得利潤，而這些利潤足以抵償以前的虧損。

而事實也的確如愛迪生所預測的這樣。西元一八八二年，工廠製造了約十萬個燈泡，此時每個燈泡的成本已經降到七十分，而售價還是四十分未變，但生產規模擴大了，所以愛迪生在這一年的虧損更多。

第三年，許多手工工序都被機器所替代，工藝大大改進，生產成本降到了每個燈泡五十分，但製造和出售的燈泡數量迅速增多，於是工廠的年虧損額又增加了。

但到了第四年，每個燈泡的生產成本降到了三十七分，此時的出售價格還是四十分，每賣一個燈泡可以賺到三分了。所以在這一年，愛迪生工廠的收入完全彌補了前三年的虧損。

此後的第五年，成本降到二十二分，而燈泡的年產量超過了一百萬個，在出售價格依然是四十美分的情況下，愛迪生的工廠就能從出售燈泡中獲得一年比一年多的利潤。

在美國的燈泡生產開始發展的同時，愛迪生的想法開始向歐洲各國傳播。在未弄清楚愛迪生

第十二章 照亮世界的「阿拉丁神燈」（三）

燈泡及其照明系統的本質和優點以前，許多歐洲電工學家對他的研究工作抱著懷疑的態度。然而在西元一八八一年的博覽會上，愛迪生成功的展示了自己的燈泡。自此，在歐洲成立電力站的建議也迅速發展起來。

此後，愛迪生又馬上建議德國柏林的西門子－哈爾斯公司向他購買許可證，以便能按照他的專利許可證生產燈泡。但西門子謝絕了愛迪生的建議。

西元一八八二年，愛迪生又在巴黎附近的伊夫里創辦了一座製造電機、照明器材和白熾燈的工廠，燈泡日產量最初為五百個。

由於西門子拒絕購買愛迪生的燈泡專利許可證，愛迪生就將整個西歐使用燈泡的權利讓給了「巴黎愛迪生歐洲大陸公司」。艾米利．拉傑恩從該公司購買了在德國使用愛迪生燈泡專利特許證的權利，並於西元一八八三年組織成立了「德國愛迪生通用電氣公司」。

第十三章　電力機車的發明

無論何時，不管怎樣，我也絕不允許自己有一點灰心喪氣。

——愛迪生

第十三章　電力機車的發明

（一）

（一）

西元一八七八年時，愛迪生曾與家人一起到懷俄明州去觀賞日全蝕，他想在天文觀察中使用他所發明的「測微溫濕計」。觀測的地點是在美國的西部，離鐵路幹線三百二十公里處的穀物種植區。

在那裡，愛迪生看到，農民們用馬車將糧食運到鐵路旁邊，再裝上火車。這樣不僅運費高，工作也複雜，需要大量的畜力運輸，需要更換馬匹和供馬匹休息的中間站，還需要飼料倉庫和大批的服務人員。愛迪生萌發了一個想法，就是修建一條通往鐵路幹線的電氣化貨運電車軌道。

愛迪生認為，如果能夠修建一條電氣化運輸道，就不需要電車司機，而是由沿線的各站自動操縱。在這種情況下，經營費用就會縮小到最低限度。

為了實現自己的這一設想，西元一八八〇年，愛迪生就在門羅公園建築了長為五百六十公尺的電氣化路線實驗地段，將小型鋼軌固定鋪在間隔約一公尺的枕木上，路線路基是在硬土地上，路線的起點在工廠附近，並沿著馬路一直向北延伸。

在這條實驗路線上，由安裝在工廠中的愛迪生Z型（七十五安培乘以一百伏特）電機作為發電機負責供電。發電機的兩極，是透過地下絕緣導線與兩條鋼軌連接在一起的。其中的一條鋼軌用作直通機車頭的直輸線，另外一條鋼軌則為回線。這種沒有採取任何專門措施讓鋼軌與地面絕緣的設施雖然不完善，但漏電並不多。

機車是個四輪車，車的上面安裝的也是一樣的Z型電機，用以作為發動機。這個電機被平放著（該型號電機外形尺寸較高）。電樞軸上裝有一個摩擦傳動輪，這個摩擦傳動輪在旋轉時，可以將力傳給另外一個傳動輪。而這個傳動輪在旋轉時就可以帶動車子的輪軸。

此外，電樞軸上還裝有第三個輪，這個輪通過槓桿與第一個傳動輪或第二個傳動輪發生摩擦接觸。車的輪子是用木材製作的，輪轂裝有金屬襯套，輪的外緣裝有厚實的金屬輪圈。輪轂是用三根金屬輻條與輪圈連接起來的，整流電刷緊靠著輪轂。所有四個輪子都是這樣裝置的：電流從帶有正電的鋼軌進入車輪，經電刷傳給電動機，從電動機那裡經過其他兩個饋電刷和車輪，再傳到另一條作為電流回線的鋼軌上面。

這個電力機車的外觀雖然不算完美，但無論如何，這是美國的第一輛電力機車。西元一八八〇年底，愛迪生提出了電力機車系統的第一份專利申請。

愛迪生對電氣鐵路充滿了信心，他親自試車，除了欣賞這種特殊的樂趣外，主要是想讓電氣化鐵路成為現實。他的目標是：讓電氣化火車為社會服務，不僅要為中西部的糧食種植者們解決運輸問題，還要在更大範圍內取代蒸汽機車。

一開始時，並沒有人對愛迪生的電力機車感興趣。許多鐵路企業家認為，電力機車就是浪費金錢，根本沒什麼實用價值。大眾中了解電力的人也不多，即使有人知道，也不能估算出它的龐大潛力，一些與電力發展相關方面的人士甚至對愛迪生的行為冷嘲熱諷。

但不管怎麼說，愛迪生的電力機車接近成功了。在試車後，愛迪生發明電車的事很快就傳遍

第十三章 電力機車的發明

（一）

各地，每天都有人前來參觀。

愛迪生在自己的鐵軌上不斷對機車的性能進行改良，但此時電燈系統的完善工作占去了他越來越多的時間，所以在電力機車方面，直到西元一八八一年才逐漸邁出第二步。

在這一階段，愛迪生設計了兩台大型的電力機車，客車的最高時速可達九十六公里，能載客九十人。研究所四周的軌道延長到三公里，並有錯車道和轉轍器等這類與實際鐵路相同的設備。

門羅公園實驗室的試驗性電氣化鐵路，在西元一八八〇年的一整年和西元一八八一年的部分時間裡都運行著。這個試驗讓鐵路公司開始感興趣起來，美國卓越的鐵路企業家，北太平洋公司總裁亨利．威拉德在西元一八八一年九月與愛迪生簽了下列協議：

愛迪生在門羅公園建築一條長為四公里的電氣化鐵路，並為該鐵路建造三種類型的車廂和兩台電力機車，一台為客運機車，一台為貨運機車，並保證列車運行時有一定的速度，尤其是規定電力牽引客車的時速應達到每小時九十六公里。

威拉德還提出了一個經濟性的補充條件：用電氣化鐵路進行運輸的費用比當時用蒸汽牽引進行貨運的運價低。假如愛迪生按照這項協定製造出的設備獲得良好的效果，那麼威拉德就準備將在國家一些產糧區——最少有八十公里長的鐵路區段——的電氣化工程交給愛迪生來承辦。

（二）

西元一八八一年秋，在門羅公園建築新的電氣化路線工程開始施工，並於西元一八八二年建成備用。這條鐵路修得比西元一八八〇年的第一個試驗區更為完善，路線幾乎筆直，道碴鋪得也像一般鐵路鋪得那麼厚。鋼軌與枕木之間的絕緣性能也比第一次更可靠，是用沿線鋪設的專門的地下電纜來供電的。預先製造的機車，是為了能在鐵路建築中運送材料。貨運電力機車能牽引六至八節平板車或車廂。

與西元一八八〇年剛剛設計的機車不同，當時的機車事實上只能算是一個能使用的模型。新的電力機車有一個司機室，前面有格條護板和照明探照燈。也就是說，新電力機車採用了蒸汽機車上的某些東西，因為電力機車和蒸汽機車的使用情況在某些方面是相同的。控制器是安裝在駕駛室內司機的座位下面，電動機與輪軸間有皮帶傳動。客運電力機車的自重為五噸，貨運電車機車的自重為十噸。

試驗進行得很順利，但不幸的是，威拉德就在這個時候忽然破產了，北太平洋鐵路公司也被轉讓給他人，所以愛迪生的計畫也沒有實現。

威拉德雖然破產了，但他卻仍然跑到門羅公園對愛迪生說：

「我與您簽訂的協定我一定會遵守的，您的研究費用我也一定會付給您的。」

「威拉德先生，協議書我們就當沒簽訂好，但您的友情，我會牢記於心的。不管怎麼說，我還

第十三章 電力機車的發明

（二）

是感謝您的鼓勵，由於您的幫助，我的電車才能得以發展到目前的程度。現在，威拉德先生，您應該設法讓自己重新站起來。」愛迪生安慰威拉德說。

十年後，威拉德重新回到北太平洋鐵路公司。他並未忘記與愛迪生的約定，向愛迪生提出關於西部山岳地區鐵路電氣化的計畫。

但現在，威拉德破產了，無法繼續支持愛迪生的研究，愛迪生便於西元一八八二年六月十九日接受了在瑞士建築電氣化鐵路的工程。

在愛迪生研製鐵路電力牽引系統期間，他的助手是法蘭克．J．史伯格。這個人曾在西元一八八一年至一八八二年間在歐洲參加電工技術展覽會，然後由愛迪生在倫敦的代表詹森將他引進到門羅公園實驗室工作。

史伯格在愛迪生那裡主要研究運輸電氣化問題，尤其是研究發電機的傳動和牽引裝置。兩年後，史伯格就成了這方面的專家，他決定離開門羅公園，獨立完成把電用於傳動和牽引方面的發明。隨後，他製造出了一台非常好的直流電動機，這種電動機由愛迪生公司接受進行生產。電動車輛和電車上的兩台發動機並聯系統，就是由史伯格發明的。根據史伯格的設計，在美國的里奇蒙製造了美國的第一輛電車，並使市裡的橋架鐵路都使用了電力牽引。

電車和電氣化鐵路的非常發展是在西元一八八〇年代的後五年開始的，尤其是九十年代初期，許多商行，包括埃克梅耶爾和岳克爾謝工廠、威斯汀豪斯工廠、湯姆森－胡斯頓工廠及其他工廠等，都開始生產電氣牽引裝置設備。在歐洲，德國柏林的西門子－哈爾斯克商行在這次表現

GE奇異的誕生

從發明燈泡到製造火箭

得十分積極。從西元一八九二年起，愛迪生公司就與其他許多工業行會合併，從而成為現在仍然享有世界聲譽的「奇異公司」企業集團。

（三）

愛迪生雖然發明了電力機車，但這一發明卻不如他的電話、電燈和留聲機等發明那樣出名，為什麼會這樣呢？

原因在於，當愛迪生熱衷於研究電車的同時，還有一位名叫費爾德的美國人從事同樣的研究。一些企業家們為了讓電車事業化、集團化，便積極的促使愛迪生與費爾德兩人就專利特許權進行合作，於西元一八八三年以兩百萬美元的註冊資金成立了「美國電氣鐵路公司」。

幾個月後，愛迪生與費爾德共同鋪設了一條供展演用的鐵路，地點就設在美國芝加哥博覽會的大廳。

六月，博覽會開幕。在五日到十八日這短短的展覽期間，愛迪生的改良電車獲得了很高的評價。列車被命名為「法官號」，共有三根鐵軌，由中間的一根向列車輸入電流，兩邊的兩根用作回流電路。電車每次可乘坐二十名乘客。

據當時的《電力世界》報導，這輛列車的運轉性能「勝過這個國家境內的任何一輛蒸汽機車」。在博覽會結束之前，這輛車共運行了七百五十公里，載客兩萬六千人次。《電力世界》指出：

「我們有充分的理由相信，在不久的將來，馬車與蒸汽機車將被它所取代。它將拖著車輛跋山涉水，既無馬蹄的響聲，也沒有蒸汽機的噪音。」

展覽結束後，電氣鐵路被從芝加哥轉移到路易維爾。路易維爾的《快報》上為此曾描寫道：「這種電氣火車是沒有煙火的。它被一種看不見，甚至不知究竟為何物的原動力所驅策，在鐵軌上平穩而快捷的行駛著，既安全，又實用。」

此時對於愛迪生來說，電力機車的研究已經距離成功不遠了，反而電氣鐵路卻並沒有積極採用，這是為什麼呢？

這其中的原因頗多，按照愛迪生的話說就是：

「我之所以失敗，是因為我不能再繼續做下去了，我沒有時間，這裡需要我做的事情太多了！尤其是涉及到電燈方面的工作。」

事實上，這也只是其中的一個原因，但卻不是主要原因。主要原因是：鐵道馬車已經有五十多年的歷史了，「直到西元一八九〇年之後，曾經作為大城市的運輸工具的馬車才逐漸消失。但就個別旅行來說，輕便的馬車依然是主要的旅行工具。至少從當時的水準來看，它還不是一種蹩腳的運輸工具。而當時的人們對這種運輸的看法與現在一般人恰好相反，一九〇〇年以前的四輪馬車其實是相當時髦和舒適的」。

由此可見，如果當時就採用電車旅行或運輸，那麼鐵道馬車勢必會遭到淘汰，但在一些大城市中，有很多人是喜歡馬車的，那麼他們自然就會反對電車，以致電車很難得到大範圍的發展。

幾年以後，「紐約中央公司」宣布成立，才最終決定採用電力機車。而這個時候，愛迪生正在研究再次震驚世界的有聲電影。此時在愛迪生雖然已無暇顧及電氣鐵路技術的發展，但對於運輸電氣化來說，愛迪生依然是功不可沒的，他是將製造電力牽引力的設想變為現實的第一人。

此後，隨著電力照明系統的發展與完善，在各個工業部門當中，電動機逐漸取代了蒸汽機。在西元一八八〇年時，美國還在依靠蒸汽機，而到了一九〇〇年，電力已經成為動力的一個來源，電力已達三十萬匹馬力。到一九一四年，電力進一步增加到九百萬匹馬力，成為動力來源的一個主要方面。

電力的出現，節省了大批的人力與物力，改善了操作環境，降低了勞動強度，提高了生產效率，從而引起了社會生產的重大變革。到十九世紀後期，美國的電力工業發展已經超過了老牌的資本主義英國。

《物理學與技術史》一書的作者在論述「電氣化的產生」時指出：「電能為工業和交通運輸業提供了能量。電氣化解決了能量的輸送和拖動問題，從而在機械化和自動化的基礎上對國民經濟和它的技術產生了決定性的影響，使生產力得到了飛速的增長，就其後果來說，並不亞於工業革命。」

第十四章　西奧蘭治的新生活

雖然我們總是嘆息生命的短促，但我們卻在每個階段都盼望它的終結。兒童時期盼望成年，成年盼望成家，之後又想發財，繼之又希望獲得名譽地位，最後又想歸隱。

——愛迪生

（一）

西元一八八四年，愛迪生三十七歲。這一年對愛迪生來說，是他十分悲傷的一年。

這年的夏天，妻子瑪麗不幸染上了傷寒。在當時，這是一種非常危險的疾病。但起初瑪麗只是以為受了點風寒，吃點藥就好了。愛迪生這個時候正在紐約奮戰，沒有回來照顧她，瑪麗的妹妹愛麗絲每天陪伴在她的身邊。

然而不久後，瑪麗的病情惡化，愛迪生獲悉後馬上奔回門羅公園實驗室，陪著妻子度過了最後的幾天時光。

守候在飽受病痛折磨的妻子身邊，望著她那憔悴不堪的臉，再回想起她當年那面色紅潤、嬌羞可愛的模樣，愛迪生心如刀絞。此時的愛迪生才深刻的感受到，自己這麼多年都全心全意的聚焦在發明創造上，卻忽略了對妻子和孩子的關愛。

可是，一切都太晚了，上帝沒有再給愛迪生彌補的機會。西元一八八四年八月九日凌晨，瑪麗去世了。

愛迪生在家中為瑪麗舉行了葬禮，隨後將棺柩運到一個小車站，由火車將她的遺體送到了她兒時的故鄉紐華克。瑪麗被安葬在紐華克快樂山的墓地中，墓地的周圍堆滿了聖潔的鮮花。

妻子的離世，讓愛迪生沉浸在痛苦之中無法自拔。他常常一個人透過窗戶望著遠方，回憶與瑪麗在一起的日子。瑪麗雖然沒有什麼出眾的才華，但卻是一位典型的賢妻良母，從未對愛迪生提出過任何要求，只是深深愛著她的丈夫，無微不至照顧著丈夫和孩子們的生活，讓丈夫可以全心全意的投入到他熱愛的事業當中去。

一想到這些，愛迪生就愧疚萬分，後悔自己為什麼沒有多陪陪自己的妻子。現在，瑪麗走了，留給他的除了深深的悲痛外，還有三個年幼的孩子：十一歲的女兒朵特，八歲的長子小阿爾瓦和六歲的次子威廉．萊斯。

愛迪生把孩子們送到紐約，託外祖母照顧他們。曾經帶給愛迪生無數輝煌和榮耀的門羅公園，現在給予他的卻只有悲傷的回憶。於是，愛迪生將那裡的設備、藥品和儀器等統統搬了出來，將門羅公園實驗室澈底捨棄了。

瑪麗的離世，讓愛迪生感到了從未有過的孤獨，然而他卻不得不繼續工作。除了有很多工作未完成外，他也想透過忘我的工作來轉移注意力，忘掉那些沉痛的悲傷。

在這期間，愛迪生除了發明「愛迪生燈泡」外，西元一八八五年，他還利用「愛迪生燈泡」發明了利用電波通訊的「無線電」，可以與四公里外的海上船隻或行駛中的火車通訊。

當然，這兩項發明的專利權也歸愛迪生了。通常人們認為無線電是由義大利的馬可尼(Guglielmo Marconi) 發明的，其實馬可尼發明的無線電要比愛迪生晚十一年之久，也就是在西元一八九六年發明的。

自從妻子去世後，愛迪生一直過著寂寞單調的生活，朋友們都不忍心他這樣孤獨的生活著，於是主動為他物色合適的伴侶。而最終促成好事的，是艾茲拉．基里蘭德太太。基里蘭德是愛迪

第十四章 西奧蘭治的新生活

（一）

生以前在波士頓擔任電訊技師時認識的好友，多年來他們一直保持著親密的友誼。

西元一八八五年五月的一天，愛迪生應邀到基里蘭德家中。在那裡，他遇到了年輕漂亮的米娜·米勒（Mina Miller），俄亥俄州亞克朗的路易士·米勒的女兒。

米娜當時只有十八歲，而愛迪生已經三十八歲了。雖然這位世界聞名的發明家比她年長二十歲，但由於他的稚氣和單純的性格，兩人間的年齡差別並不算太明顯。

米娜是個稟賦不凡且又文雅的女子，有人形容她是「一個皮膚褐色而有黑色頭髮的美麗女子」。根據《亞克朗時報》的報導，米娜「深諳家務、藝術，作風端莊，性情慈善，喜好教育工作」。

兩人初次見面時，米娜面對這位大名鼎鼎的發明家還顯得有些局促，但很快就被愛迪生優雅的舉止和風趣的談吐所吸引；而愛迪生對這位年輕美麗、聰慧機靈的少女幾乎是一見鍾情，愛情之火再一次在他的心中點燃。他毫不猶豫的向米娜展開了愛情攻勢。

西元一八八五年秋季來臨的時候，米娜答應了愛迪生的求婚。

西元一八八六年二月二十四日，愛迪生與米娜舉行了隆重的婚禮。然後，兩人到佛羅里達州度蜜月。在蜜月期間，愛迪生也沒有閒著光顧著享受新婚的快樂，他在佛羅里達建立了一座擁有機床、發動機和化學設備的工廠。

結婚後，愛迪生在距離紐約六十公里外紐澤西州西奧蘭治的富人區買下了一座漂亮的別墅，舉家遷居在這裡。這以後，愛迪生又有了一個像樣的、溫暖的家。從那時起，一直到愛迪生去世

GE奇異的誕生

從發明燈泡到製造火箭

的五十年間，種種發明都是在這裡完成的。

（二）

米娜的到來，重新燃起了愛迪生對生活的熱情，同時也讓他再次點燃了發明創造的智慧火花。在米娜的悉心照顧和關懷下，愛迪生逐漸走出了失去瑪麗的痛苦，重新將精力投入到工作當中。

西元一八八七年，愛迪生在西奧蘭治別墅的附近建造了一座比門羅公園更加完善的研究實驗室，將他的實驗器材和實驗工廠從門羅公園統統遷到西奧蘭治。這次搬遷，愛迪生是明確的帶著一個偉大的目標的——在西奧蘭治建立一個工業化發明的中心。

新的研究實驗室是一棟長約八十公尺、寬八公尺的長型三層樓建築，另外還有四棟長三十公尺、寬六公尺的平房。中間的平房是一間很大的圖書室，這裡除了擁有六萬冊圖書外，還有過去五十年世界各國出版的科學雜誌、報紙以及各大學所發表的各種研究論文。

愛迪生將這個新的實驗基地稱之為「發明工廠」。這一年，愛迪生剛好四十歲，正是年富力強的時候。西奧蘭治的新生活開始以後，愛迪生便有了一個雄心勃勃的計畫：從小規模開始，逐步擴大，直至在奧蘭治谷地建立起一系列的工廠，由實驗室提供定型的產品模型、樣型，並為工廠安裝必要的專用設備，生產那些投資少、效益高的商品，還有那些只賣給批發商和經銷商等人的產品，再也不設計像電燈這樣累贅的東西了。綜合工廠將同時研製三十至四十種迥然不同的物品。

隨著西奧蘭治實驗室研究工作的開始，愛迪生的助手也不斷增加，當時許多有知識、有才華的年輕人都慕名而來，他們大多數不僅僅有豐富的專業知識，更重要的是具有像愛迪生那樣從事過很多實驗性工作的經驗，並且能夠吃苦耐勞。經過長時間的鍛鍊，他們後來幾乎都成為像愛迪生那樣的科學家了。西奧蘭治為他們提供的比門羅公園更加先進完備的設備和科學實驗條件，從而讓他們能夠更加充分發揮自己的才華。

愛迪生的實驗室主要是為了解決當時新型電力工業提出的許多新課題。在這裡，各種專業人才在愛迪生的領導之下，圍繞著一系列問題進行著有組織、有計畫的工作，有力的促進了科學研究工作的進展。可以說，這個實驗室已經成為現代科學研究組織的雛形，此後，各種專門從事科學研究的機構陸續出現。

在當時，美國社會流行著科學發展的風氣，而愛迪生又選了那麼好的實驗室作為科學研究基地，再加上有一群得力的助手和熟練的工作人員，可謂占據了天時、地利與人和。因此，在接下來的歲月當中，愛迪生的宏偉計畫都一個個得以實現。

在其後的二十年當中，這裡建立了一系列的工作，如國民留聲機公司、愛迪生商業留聲機公司、愛迪生留聲機廠、愛迪生電池公司、愛迪生製造公司等等。正如一位評論家所說的那樣，愛迪生「就像一個電氣上帝一樣，時刻都在思考著該地區的建設」。

（三）

在愛迪生的一生當中，留聲機是他最喜歡的一項發明，因為留聲機可以為人們留下美好的聲音和回憶。所以，愛迪生一直都沒有停止過對留聲機的改進。在西元一八八八年的整個春天，愛迪生的工作重點都是圍繞著留聲機展開的。他經常連續幾天幾夜待著實驗室中，對留聲機的性能進行研究。

在借鑑了貝爾電動留聲機的基礎之上，愛迪生又推出了新型的留聲機。這種留聲機是由電機驅動，錄音轉筒用的是實心的蠟筒。這就意味著，當表面的一層蠟燭被磨蝕得不能繼續使用後，可以將其刮掉，然後繼續在新的表面錄音。

為此，愛迪生還專門開設了一家留聲機工廠，工廠中心出產的留聲機在性能上要遠遠超越十年前的產品。大西洋兩岸的人們都在密切關注著愛迪生留聲機的每一步改進效果，而且也在不斷發掘著它的各種用途。

後來，人們逐漸意識到，留聲機最具潛力的還是它的娛樂價值，而錄製音樂則是其中最主要的功能。在西元一八八八年的亨德爾音樂節上，愛迪生首次進行了留聲機音樂錄放的表演。在音樂廳中豎起了一個特大的號狀聲音接收裝置，將樂隊演奏的亨德爾樂曲絲毫不差的錄下來，並進行了完美的再現。

就在愛迪生準備將實驗室的全部人力和物力都投入到錄製音樂的生產上時，一場棘手的訴訟纏上了他。

原來，貝爾的電動留聲機在研製成功後，美國聲音記錄公司已在市場上對它進行了推廣。而愛迪生對留聲機的再次研製和改進，威脅到了這家公司的銷售。因此，該公司指控愛迪生的新機器與貝爾的機型設計相同，都使用了蝕刻蠟筒的錄音方式和浮動唱針原理。這屬於一種侵權行為。

形勢對愛迪生似乎很不利，因為雖然他十年前就已經獲得了留聲機的專利，但當時的專利中描述的錄音方法與現在已經大不相同。在匆忙之中，愛迪生沒有找到足夠的證據來反駁對方的指控。

幸好在最後關頭，一位名叫傑賽．H．里皮科特的商人出資將雙方的專利都購買下來，然後又授權給愛迪生繼續生產這種機器。這樣一來，才化解了這場糾紛。危機過後，留聲機錄音的訂單紛至沓來，愛迪生的公司再次面對應接不暇的狀態。

在西元一八八〇年到一八九〇年之間，愛迪生從名人成為名家，而在一九八〇年代中期以前，愛迪生處於將電力設想化為現實的領導人物地位始終沒有受到任何挑戰。

然而在西元一八八七年，有人提出了以交流電取代直流電的設想。但在交流電是否可行的問題上，愛迪生是傾向於採取直流電的。

不過，直流系統從誕生的那天開始，就存在著一定的缺陷。愛迪生的第一批發電廠是用直流電輸送電力的，由於功率在電線摩擦中迅速耗損，以致發電廠輸送電力的距離最遠不超過一點五

第十四章 西奧蘭治的新生活

（三）

公里。這樣下去，除了大城市外，其他地方也許就得不到電力。而且，採取直流電輸送的電力還須將電壓局限在兩百五十伏特之內。如果超過這個標準，燈絲就會燒毀，甚至危及用戶的安全。

於是，有人就開始設想：是否可以將電壓提高，以利於遠距離輸電，然後在輸入用戶或工廠之前，再將電壓降下來？但用直流電，這點就無法實現；如果用交流電，電流就可沿著一個方向前進，達到高峰時調轉方向，再次達到高峰時又調轉方向，每秒鐘多次調轉方向，這就為改變電壓提供了條件。

愛迪生在採用交流電的問題上始終抱持頑固保守的態度，因為他已經建立起自己的直流系統而不願意改變它，而且他也沒發現交流電系統為輸電帶來的節約因素。

交流電的實驗是由奧匈帝國克羅埃西亞的一位名叫尼古拉．特斯拉（Nikola Tesla）的人首先完成的，他曾是愛迪生研究實驗室的工作人員，但與愛迪生之間存在著一定的意見分歧。西元一八八八年，特斯拉成功的建成了一個交流電電力傳送系統。他設計的發電機比直流電發電機簡單、靈巧方便，而且變壓器又能解決長途輸電過程中固有的問題。利用變壓器可將輸入線路的電壓提高，在送入使用者或工廠之前，再將電壓降下來。

這時愛迪生才意識到，交流電可以降低成本，這是無須懷疑的了。實驗證明，交流電具備很多優點，其電動機結構也比較簡單，重量較輕，而且供電穩定，還能夠實現遠距離輸電。這對愛迪生利益集團產生了一定的衝擊。

由於專利權及其他問題一再出現，愛迪生在時間和經濟上都蒙受了龐大損失。一方面，到一九〇〇年為止，愛迪生的訴訟事務費用就花掉了兩百萬美元；另一方面，愛迪生在訴訟和其他各種糾紛中還要不斷接受律師的詢問，既要查詢過去的資料和報告，有時還要出庭作證，這讓他花掉了很多寶貴的時間，同時也為他帶來了沉重的負擔，影響了他的正常工作和科學實驗。

愛迪生漸漸發現，管理一個研究實驗室或一個企業是件很複雜的事，單靠發明家已經不能勝任，還要依靠律師、金融家和推銷商們的共同努力。愛迪生清楚意識到，自己的工作重點必須轉移。於是在他的宣導下，各公司進行了合併，於西元一八八八年底建立了一個統一的「愛迪生通用電氣公司」。

隨著該公司的成立，愛迪生將由他資助創建的新型工業的控制權大部分移交給別人管理，自己所得的報酬就是時間和金錢，因為這兩樣東西可以被他充分用於進行各種發明和實驗。尤其是留聲機的改進、有聲電影的研究等方面，愛迪生打算再做更進一步的探索。

第十四章 西奧蘭治的新生活

（三）

第十五章　電影的誕生

如果人們都能以同情、慈善，以人道的方式來剔除禍根，則人生的災患便可消滅大半。

——愛迪生

第十五章 電影的誕生

（一）

（一）

西元一八八八年二月的一天，愛迪生像往常一樣在實驗室中埋頭忙碌。祕書走到他面前通報說，有一位名叫埃德沃德．邁布里奇（Eadweard James Muybridge）的客人來拜訪他。

邁布里奇是當時的一位著名的攝影師，他曾進行過一次特殊的試驗，就是沿著跑馬場的跑道架設了一連串的照相機，這些照相機的快門透過電線與鋪設在跑道上的木板相互連接。當奔跑的馬一踏上木板，照相機的快門就會被打開。這樣，照相機就可以連續拍下馬在奔跑時的照片。

邁布里奇將所有的相片放在一起，投射到螢幕上後，意想不到的情景出現了：一匹奔跑的駿馬在螢幕中間起伏騰躍。如果再加上馬蹄聲和鼻孔不斷的噴響，任何人都會認為眼前就是一匹有血有肉的駿馬。

邁布里奇又用同樣的方法拍下了其他動物和鳥類的動作，然後將它們裝入一個他命名為「動物圖像反映機」的裝置上。接著，他就帶著這台機器到美國各地進行表演。對於看慣了靜止圖片的人們來說，第一次看到動態的畫面，其驚訝程度可想而知。而邁布里奇也因此一舉成名。

這次，邁布里奇剛好來到西奧蘭治表演，當地的報紙對他進行了連篇報導。當愛迪生看到關於邁布里奇的介紹後，若有所思的對同事們說：

「可不要小看這個動物圖像反映機，這裡可是大有文章可作的！」

沒想到，現在邁布里奇主動前來拜訪愛迪生了。原來，邁布里奇也十分欽佩愛迪生的發明才能，這次前來，就是希望可以與愛迪生洽談一下，看是否能將自己的機器與愛迪生的留聲機結合起來使用，創造出更好的影像效果來。

邁布里奇的提議正好提醒了愛迪生。其實早在對留聲機的改進過程中，愛迪生就曾萌生過這樣的想法：是否能夠發明一種機器，可以像留聲機為耳朵帶來愉悅的感受一樣，也能為眼睛帶來快樂？而現在，邁布里奇將自己的想法說給愛迪生聽，讓愛迪生原本朦朧的設想一下子變得清晰起來。

雖然邁布里奇拍攝出來的影像能為人們帶來前所未有的視覺震撼，但他的拍攝方法卻十分繁瑣。僅為拍攝馬在一分鐘內的奔跑，就需要在跑道上沿線架設七百二十架照相機。而且，這樣拍出來的照片，馬匹都是在照片中的相同位置。雖然連貫看，馬匹的腿是在運動的，但馬的軀體看上去卻並沒有移動位置，只是背景在向後飛掠而已。

這時，街頭的一種「轉盤畫」的遊戲裝置提醒了愛迪生。這種設備就是利用人的視覺暫留的原理，預先將一些差異很小的圖片貼在轉筒上面。當轉筒旋轉起來後，人們就能看到一組連續活動的圖像了。

愛迪生仔細的研究這種裝置，最後得出結論：只要能夠製造出一架可以在一秒鐘內拍攝幾十次的照相機，拍攝後再以同樣的速度進行放映，就可以重現當時的活動畫面了。

愛迪生的助手勞利．迪克森（William Kennedy-Laurie Dickson）是個熱心的攝影愛好者，所以愛迪生就將這個項目交給他來具體負責，讓他設計出一架拍攝活動目標的照相機，並對他進

第十五章 電影的誕生

（一）

行了具體的指導。

當時，各種照相機的差別都不大，但仍可以挑選最適合這一項目的類型。西元一八八八年初，迪克森依照所選用的相機拍攝了許多活動目標的照片，而且每個「畫面」的尺寸都不超過十六分之一平方英寸。這樣拍攝出來的畫面總和應構成所拍攝物體動作的一個完整過程。

不過，迪克森的解決方法並沒有讓愛迪生感到滿意，他又提出了一個新的任務：用快速拍照的方法來進行連續拍攝，這樣就能獲得大量圖像，並透過利用視覺慣性現象的裝置來觀看這些圖像。

儘管試驗還處於初級階段，但愛迪生還是在當年秋天向專利局提交了一份預先通知，告訴對方，他正在研製一種取名為「活動電影放映機」的新設備。

可是，愛迪生的助手們又被一個難題擋住了前進的步伐，那就是現有的膠片感光度太低，拍出來的圖像模糊不清。而邁布里奇使用的乾板術雖然感光較好，但底片顆粒太過粗大。一旦將底片放大，畫面就變得粗糙模糊了。

這個難題一直到西元一八八九年才出現轉機。這年的五月，有一位喬治．伊士曼（George Eastman）推出了以賽璐珞為原料的照相底片。愛迪生聞訊後，馬上寫信給伊士曼，請求他為自己提供一批新型的底片。

伊士曼答應了愛迪生的請求。當底片送到愛迪生面前時，愛迪生興奮的對助手們說：

「就是它！就是需要這個！各位，該加油了！」

（二）

西元一八八九年夏天，愛迪生接到了法國政府的邀請函，請他參加此次世界博覽會。但愛迪生卻不希望離開研究實驗室太久，浪費寶貴的時間。妻子米娜開導他說：

「旅行也是一種增長知識的好機會，再說你參加的是世界博覽會，可以去那裡見識一下世界上最先進的科學技術成果，何樂而不為呢？」

愛迪生覺得妻子說得很有道理，也許會場上可以遇到刺激自己的展品呢！

於是這年的八月三日，愛迪生偕夫人米娜和女兒朵特一起乘船橫渡大西洋，來到了浪漫之都巴黎。在大洋的彼岸，愛迪生受到了熱烈的追捧和隆重的接待。

博覽會上，愛迪生自然是當之無愧的業界驕子了，整個美國展覽館的展品有四分之一都出自愛迪生的公司。前來觀展的人們無不在愛迪生的發明成果前面駐足不前，連連讚嘆。

在法國，愛迪生所到之處更是受到至高無上的待遇，巴黎政府還特別贈送了一枚金質獎章給愛迪生，以表示對這位美國大發明家的崇高敬意。

著名的巴黎艾菲爾鐵塔就是為紀念這次博覽會而建造的。艾菲爾鐵塔高達三百公尺以上，是當時世界上最高的建築物。在塔的底層，法國土木工程師學會特地為愛迪生舉行了九千人的大宴會。請帖是由法國總統卡諾（Marie François Sadi Carnot）親自簽名的。

隨後，愛迪生又被邀請到一家歌劇院觀賞演出。在這裡，法國總統特意將他請到自己的私人包廂，以示對愛迪生的重視和敬重……。

不過，對愛迪生本人來說，此次行程最大的收穫還是意外的獲得了攝影機的設計靈感。

八月十九日這天，愛迪生應邀參加了達蓋爾公布攝影技術五十週年的慶祝宴會。在會上，愛迪生結識了法國攝影家艾蒂安－朱爾．馬雷博士（Etienne-Jules Marey）。

馬雷博士向愛迪生介紹說，自己設計了一種被稱作「攝影槍」的新鮮玩意。是用一塊圓形的玻璃片和一個圓形金屬盤，盤上配有快門，使兩個圓形呈相反方向旋轉，用以攝影。

愛迪生一聽，眼睛馬上開始發亮了。他當即請求馬雷博士讓自己一睹為快。

隨後，愛迪生參觀了馬雷博士的工作室，在那裡還見識了一種連續顯示相片的裝置。這一切讓愛迪生暗自吃驚，他沒想到攝影技術上已經有人超前了這麼多；同時他也暗自高興，因為他從中找到了研究的正確方向。

此次巴黎之行，為愛迪生的電影設備研究工作帶來了相當程度的推動。在返回美國的航船上，愛迪生畫出了一張他所設想的攝影機草圖。

此時，迪克森也在國內努力的工作著，並成功製造出一台「電影紀錄器」。這種機器可以將幾個動畫具體的記錄在一條短膠帶上。同時，他還製作了一台觀景器。這是一個盒子，人們向裡面看時，可以看見畫面在裡面移動。這種觀景器被稱為「電影視鏡」（Kinetoscope）。

十月初，愛迪生回到西奧蘭治。這時，迪克森已經為他準備好了一個大大的驚喜，當愛迪生和女兒朵特被迪克森神祕兮兮的拉到實驗室的一個大廳裡後，突然看到前面不遠的牆壁上出現一個長方形的銀幕，接著，銀幕裡走出一個人來。朵特仔細一看，走出來的人竟然是迪克森叔叔！

只見他煞有其事的說道：

「早安，愛迪生先生，歡迎您回來。希望這台電影留聲機能夠讓您滿意。」

迪克森的話音剛落，愛迪生就帶頭鼓起掌來，高興的說：

「年輕人，好樣的！勝利女神已經在向我們招手了！」

接著，愛迪生向迪克森介紹了馬雷博士的裝置，並建議將馬雷博士的技術和他們現在的研究成果結合起來，集中精力研究即將獲得成功的「活動電影放映機」。

隨後，愛迪生開始集中精力試驗條形底片，這種底片，愛迪生曾在馬雷博士的工作室中看到過，它可以重疊起來。

這一年的年底，活動電影攝影機已經初具雛形。它的主要部件是鋸齒邊膠片。透過一台電動機的帶動，攝影機用鏈輪齒拉動膠片透過鏡頭和快門，鏡頭在圖像上聚焦，快門快速關閉。這樣，攝影機就在每片膠片上拍下來一個動作，連貫起來就成為動態的畫面了。

愛迪生還發明了一種獨立的設備，以此來反映這些活動的圖片。這個放映機看上去就像一個櫃子，頂部有一個觀望孔，裡面是一個裝有電池的發動機。膠片就環繞在一排鏈輪齒上。

西元一八九一年五月二十日，第一台成功的活動電影放映機在紐澤西州西奧蘭治城愛迪生的實驗室中向大眾展示。這種改裝型的機器內裝有一台電動機，可以從人們觀看的放大鏡下通過五十公尺長的膠捲。

第十五章 電影的誕生

（二）

同年，愛迪生在美國申請了活動電影放映機的專利。然而，智者千慮必有一失，愛迪生當時卻忽視了活動電影放映機在海外的專利申請，以至於他的專利並沒有完全保護好他的權益和地位，為他以後帶來了很大的麻煩。

（三）

西元一八九三年，在西奧蘭治實驗室和留聲機廠之間的空地上，矗立起一幢模樣奇特的黑色木房子，這是愛迪生建立起的世界上第一座電影「攝影棚」。

這座長方形的木房子裡外都塗了一層黑色的焦油。而最令人稱奇的是，是它的底部裝有一個軸，這讓它可以像向日葵那樣，隨著太陽的方向變換角度。而且，它的頂部還可以打開，以便讓陽光能夠直接照射到裡面。房子裡還裝設有鎂光燈和二十盞電弧燈，以備太陽光照不足時照明所需。

由於這座攝影棚是用木頭和黑色的防水紙搭建而成的，因此人們都用外型稱它為「黑色瑪麗亞」。這座攝影棚雖然簡陋，但它卻吸引了形形色色的演員前來。迪克森曾說：

「這些表演者包括有社會上、藝術界和工商界的人物，以及許多動物。」

初期的影片大部分都是在攝影棚內拍攝的，但偶爾也有在外面拍的。在用第一架攝影機拍攝時，膠片是水平移動的，結果這架攝影機並不成功。

後來，迪克森決定製作可以使膠片垂直移動的第二架攝影機，最終經過改進獲得了成功，並被用來拍攝美國第一部商業片《處決蘇格蘭瑪麗女王》。

最初，「黑色瑪麗亞」拍攝的活動照片動作單純，如簡單的舞蹈、動作不大的拳擊、大力士的擴胸運動等。雖然拍攝的內容很普通，但當這些照片被放映到銀幕上時，人們卻一起拍手叫好。

第十五章 電影的誕生

（三）

愛迪生後來回憶說：

「在西元一八九三年芝加哥的世界博覽會上，（活動電影放映機放出的這些影片）吸引了大批的觀眾。剛開始我們還沒有覺察到，但後來發現有兩位對這次展出感興趣的英國人發現到我疏忽了海外的專利申請，就趁機建起了獨立的工廠，大批生產起來。」

看到前來觀影的群眾絡繹不絕，很多戲院的老闆意識到電影即將帶來的娛樂熱潮，因此紛紛與愛迪生取得聯絡，希望能獲得活動電影的經營權。

西元一八九四年四月十四日，阿爾弗雷德．艾森斯泰特（Alfred Eisenstaedt）在紐約百老匯大街上建立了第一家放映活動電影的影院。這家影院共有十台機器，影片裝在一個碩大的圓環上，圓環在一套滾軸上轉動。這樣，人們透過機器頂端的窺視孔向裡面看，就能看到一部長約五分鐘的影片。

同年，美國成立了一個名叫「活動電影公司」的商業組織，各地也都陸續建立起「活動電影沙龍」等，所有的活動電影放映機上都放置了一個自動投幣功能的裝置。觀眾想看，只要向裝置裡投放一枚硬幣，機器就開始放映。不過，這種電影每次只能由一個人看，相當原始。

這時，有一對精明的法國兄弟奧古斯塔．盧米埃（Auguste Marie Louis Nicholas Lumiere）和路易斯．盧米埃（Louis Jean Lumiere）抓住了大好時機，成立了一個活動電影放映公司，然後從愛迪生手中購買了放映機後，對外進行出租。

不過，每次放映機也只能由一個人觀看，所以觀眾人數很受限制。兄弟倆想出了一個辦法，就是將影像投射在銀幕上，這樣就能同時招攬一大批觀眾前來觀看。於是，他們向愛迪生求助，希望愛迪生能夠解決這個問題。

可一向喜歡創新的愛迪生這次卻顯得有點「目光短淺」，他斷然拒絕了兩個人的建議。

「這樣可不行。如果我們製造你們所說的那種銀幕投影機，那麼一切就泡湯了。」愛迪生說，「一旦投影機問世，那全美國大概只要十幾台這樣的機器，就足夠所有美國人把電影全部看完了，那接下來等待我們的只有破產。」

雖然遭到了愛迪生的拒絕，但盧米埃兄弟並沒灰心，兩人建立起自己的實驗室，緊鑼密鼓的進行研製工作。西元一八九五年四月，兄弟倆向大眾展示了他們的研究成果——一種既能做放映機，又能做攝影機的電影攝影機。

（四）

由於競爭對手盧米埃兄弟的出現，愛迪生意識到了來自銀幕電影的威脅，於是，他立即投入到銀幕電影機的研製當中。

這時，一位名叫法蘭西斯．詹金斯（Charles Francis Jenkins）的美國發明家，在托馬斯．阿馬特（Thomas Armat）的資助下，製造出了一台放映機（Phantoscope）。這台放映機的示範和展出效果十分理想。與愛迪生合夥做生意的諾曼．拉弗與弗朗克．甘蒙看到詹金斯－阿馬特放映機後，確信未來的電影會在於向更多的觀眾放映影片。很明顯的，如果不是一個人而是很多人看一場電影，那將會賺更多的錢。

最終，愛迪生決定與詹金斯和阿馬特聯合生產放映機。愛迪生買下了使膠片制動和啟動更為靈活的托馬斯．阿馬特打漿機機制（Beater mechanism）專利，解決了投影中的一個重要難題。本來，愛迪生是十分不願意在自己的電影中運用別人的研究成果的，但為了盡快贏得這種爭奪戰的勝利，他也只好屈尊使用詹金斯和阿馬特的發明了。

很快，愛迪生就生產出一種新的放映機，取名為「維太放映機（Vitascope）」。西元一八九六年四月二十三日，愛迪生第一次用這種機器在紐約的斯科特－拜厄爾音樂堂裡放映了影片，受到了大眾極其熱烈的歡迎。

第二天，《紐約時報》上描述了首次展映電影時的情景：

GE奇異的誕生

從發明燈泡到製造火箭

昨天晚上，音樂廳的燈光全部熄滅後，從角樓裡傳出了一陣陣嘈雜的機器聲音，一道閃亮的光柱射在布幕上。然後，大家看到兩個美麗的金髮女郎，穿著花花綠綠的衣服，飛快的跳著雨傘舞。她們的動作是那樣的清晰、鮮明。當她們消失之後，便出現了一片驚濤駭浪，向靠近石堤的沙灘衝擊，讓觀眾們都大吃一驚……。

接著，有個身材瘦長的滑稽演員和一個矮胖的傢伙，一起表演了一場滑稽的拳擊比賽。之後演出的是一齣寓言戲劇《門羅主義》和霍坦劇院的滑稽劇《乳白色的旗子》中的一個片段，重複了很多遍。最後，以一個高大的金髮女郎表演飛裙舞而結束。

這些鏡頭都形象而逼真，因此觀眾都感到興高采烈。

這個新奇的發明讓民眾們普遍感到驚異，人們簡直將這次演出當成觀看了一種奇蹟一般。愛迪生的助手迪克森曾激動的說：

「這是個神奇的東西，是十九世紀魔術的皇冠和奇葩！」

電影的誕生，豐富了人們的文化生活，也促進了世界文化藝術的發展。不論是技術史上還是文藝史上，愛迪生所發明的電影都是一件大事。這一事件也真正標誌著故事片在美國的問世。

到一九〇〇年，投影已經大受民眾的歡迎了。在美國的大多數城市當中，任何有空地的地方都會建立起一些小電影院。即便是在一些大劇院，歌舞雜耍表演結束之後，也會放映幾部小電影。

不過漸漸的，觀眾發現節目後放映的影片他們都已經看過了，於是開始退場。為了滿足市場

（四）

的需求，讓觀眾們不斷看到新的影片，電影公司就開始不斷拍攝新的影片出來，以增加影片的數量，吸引觀眾的注意力。

在這個時期，市場對影片的不斷需求還有兩個原因：

一是美國的移民數量不斷增加。這些移民幾乎不會說也聽不懂英語，但卻能欣賞和理解無聲片，而且也付得起這種短暫娛樂所需的費用。

二是這個時期歌舞雜耍演員經常鬧罷工，劇院老闆希望能弄到更多的影片來保證他們的劇院不關門。

在二十世紀初期，一些劇院都是用兩分鐘的電影來吸引顧客。到一九〇五年前後，賓夕法尼亞州出現了一家「五分鐘影院」。儘管影院環境很一般，可是電影的生動、直覺還是吸引了不少人前來觀看。之後的兩年間，「五分鐘影院」如雨後春筍般興起，影院數量達到了五千多家。這些影院的票價一致，十分低廉，但由於投資少，所以獲利龐大，很多這種影院每週的盈利，就足以再開設一家影院了。

第十六章　有聲活動電影的出現

我的人生哲學是工作，我要展現大自然的奧妙，為人類造福。

——愛迪生

第十六章 有聲活動電影的出現

（一）

（一）

在美國電影發展的初期，愛迪生在這一領域占據著十分重要的地位。這並不完全因為他早期的發明，而是因為他透過一系列法律方面的活動，為他的攝影機和放映機在美國獲得了專利。

為了獨占電影的發明權，愛迪生於西元一八九七年宣布了一個「專利權的戰爭」，聘請了許多律師起訴其他電影製造公司。接著，愛迪生競爭對手的電影製造公司便一個接一個的倒閉了，最後只剩下比沃格拉夫和維太格拉夫兩家公司與愛迪生公司並存。

西元一八九八年以後，美國的影片只有愛迪生公司攝製的一些影片和比沃格拉夫公司攝製的一些色情短片。由於缺乏市場競爭，電影市場近乎壟斷，所以影片品質很糟糕。

這時，精明的商人們發現，電影這種新奇玩意能馬上發家致富，因此很多人就拚命的想要成為電影製造商。但在美國，能夠壟斷這個行業的依然只有愛迪生公司等三家。

長期壟斷影片的愛迪生公司，曾大量複製了歐洲競爭者的一些影片，但由於版權問題，愛迪生不得不在影片的製作方面下工夫。

這時，愛迪生聘請了曾是新聞片攝影師的愛德溫．波特（Edwin S. Porter）擔任攝影場的製片人。波特相信，電影在敘事方面具有龐大的潛力，認為它不可能只流行一時。因此，他下決心要讓愛迪生公司為電影藝術的發展做出重大貢獻。

一九〇三年，波特拍攝了消防隊員在接到火警後，馬上趕赴火災現場救火的一些鏡頭。這讓波特想到，如果可以在這些鏡頭中加入一些有故事性的場景，如幾個消防隊員從屋子裡就出被困母子的情景等，就既增加了影片的故事性，又具有一定的教育意義。

當波特向愛迪生提出這一建議後，愛迪生十分贊同，並認為這樣的影片一定非常受歡迎。於是，波特便設計了一些補充鏡頭，並進行了拍攝。在發行時，將這部影片取名為《一個美國消防隊員》。果不其然，儘管這部影片敘事方式原始單調，鏡頭也很粗糙拙劣，但卻受到了觀眾的熱烈歡迎。

接下來，波特又趕製了一部美國西部故事片《火車大劫案》。在這部影片中，波特既是編劇、導演，又是攝影師。他讓一些演員穿上牛仔服，又在紐澤西借來了一列火車，並搭建了一個車站和一個舞廳，然後以此為背景，拍攝了一部影片。

這部影片所表述的，是一群匪徒在劫持火車時被發現，然後被一隊追捕他們的人所擊斃的故事。

影片有一部分是在攝影片場拍攝的，還有一部分是在紐澤西州的松樹林中拍攝的，演員也都是業餘的。但影片中的槍戰和激動人心的追捕場面卻讓觀眾看得大呼過癮。

這部八分鐘的影片是美國電影史上第一部真正意義上的故事影片。它非常具有娛樂性，在電影史上也是一部首次運用了剪接技法的電影，極大衝擊了觀眾的視覺，在美國獲得了前所未有的好評。

這部影片對其他導演也產生了很大的影響。很快，一批「西部片」便應運而生。此後，故事片的製作得到了迅速發展。在好萊塢流行好長一段時間的西部牛仔片，就是受到了這些影片的影響。

第十六章 有聲活動電影的出現

（一）

（二）

在無聲電影不斷發展和完善的同時，愛迪生從未忘記發明真正「能說話的電影」的夢想。他將留聲機與活動電影結合起來，不斷研究及調和聲與影的問題。在愛迪生看來，最困難的問題就是收取遠處細微的聲音。

為此，愛迪生製造出了一種很靈敏的收音器，凡距離四十公尺以內的大小音波都可以收取到。他將這種收音器連在高速照相器外面，便成為有聲活動電影的製片機了。

在拍攝時，演員一邊做動作，一邊談話唱歌，攝影和收音同時並進。放映廳後面的放映機和幕前的留聲機中間用電線連接上，只要一按開關，就能夠操縱留聲機。因此在放映時，聲音和動作便可以密切配合在一起，不至於出現先後快慢的問題。

在新世紀到來之際，愛迪生在西奧蘭治的鄉村俱樂部中進行影片試放。來觀看的都是周圍的鄰居。

當客廳中架起銀幕時，人們還看不到有什麼改進。接著，銀幕上出現一位穿晚禮服的人，他舉起雙手，像是要說話的樣子。忽然，聲音馬上就傳進了觀眾們的耳朵中，而且影像與聲音配合得十分默契。

接下來，影片中一位小女孩又演奏了小提琴曲《安妮．勞利》，另一位女演員則唱起了《夏天的最後一朵玫瑰》。

第十六章 有聲活動電影的出現

（二）

各種人物、各種聲響在銀幕上交替上演，讓所有觀眾都看得目瞪口呆。一位觀眾在回到家後，繪聲繪色的向家裡人描述他所看到的一切：

「一位男性演講者將一個瓷盤摔在地上，你不但能聽到盤子落地時的破裂聲，還能聽到碎片濺開時發出的細微動靜；一名吹號手出現在銀幕上，吹起了起床的號角；哨聲響了……還有狗爭先恐後的跑了出來，我們能清楚的聽到狗吠狂叫聲。啊，內容還不止於此，還有諾曼第的鐘聲和場景，有政客的演講與背後提台詞的聲音和畫面……」

雖然這次試驗在聲與影方面的配合是成功的，但愛迪生並不滿意，他認為這距離有聲電影的成功還很遠，還有留聲機音量的大小。他說：

「最困難的是使留聲機放出的聲音傳到一定的距離，而且不能將它放在放映機的視焦範圍之內。打個比方，如果你站在離留聲機一公尺遠的地方測定的音量為一百，那麼到兩公尺遠的距離時，音量就是二十五了。」

愛迪生曾經想過使用字幕。他在日記中記下了他實驗字幕時的情況：

「我們常常使用碼錶在不同類型的觀眾中試驗字幕的效果，以便確定出一種合適的字幕延續時間，使觀眾能夠看清楚字幕的內容。我們選擇的對象有老人、孩子、工人、職員、商人、家庭婦女以及體力勞動者等，對他們使用不同字數的字幕進行試驗。最後發現，當我們一次打出七八個單字時，許多人都不能得出連貫的印象，這對我們來說是一種啟發。」

這個試驗顯示，字幕是不能代替聲音的。

（三）

一九〇八年十月，愛迪生在改進留聲機時，研製出了一種名叫「琥珀油」的化合物。用這種「琥珀油」作的輥筒錄製的聲音和放出的聲音，音質相當好。

一九一二年二月七日，愛迪生在紐約放映了用改進後的留聲機，為活動電影放映機配音的有聲電影，琥珀油輥筒出色的為由莎士比亞悲劇改編的電影片段配了音。

改進之後的留聲機，雖然放音時間比原來持續兩分鐘增加了一倍，但也只有四分鐘而已。「會說話的影片」持續時間也不超過七八分鐘，因為更換輥筒還需要停頓一會兒。所以，這種有聲電影在放映持續不少於一小時的時間內，只能作為一個插入式的節目。

再者，它的音量也仍然不適用於大庭廣眾條件下的配音需要。很顯然，這種有聲電影還不能完全取代默片。

從一開始研製電影至今，愛迪生一直都沿用將留聲機與電影機有機結合在一起的思路研究有聲電影，但卻始終沒有突破性的進展。也許正是由於對留聲機的偏愛，才局限了他的思路。電影技術的發展，還需要沿著聲音的光學紀錄與活動景物相結合的道路走下去。

一九二三年以後，有人才嘗試著用蠟盤（即唱片）在電影膠捲上錄製音樂，但仍有許多問題未能解決。直到一九二七年十月二十三日，華納兄弟電影公司（Warner Bros.）才第一次成功的拍攝下了有聲響、對白、音樂和歌唱的有聲電影《爵士歌手》。電影第一次真正的開口說話了。

第十六章 有聲活動電影的出現

（三）

它宣布了默片時代的結束，有聲電影的真正誕生。有聲電影時代從此才正式拉開大幕。

緊接著，華納兄弟公司又於一九二八年拍攝了全部有聲同步對白電影《紐約之光》，這是第一部完全意義上的有聲片。從此以後，有聲電影才全面推展開來。

同年，有聲電影進入高級影院。一九三六年，戲劇大師卓別林出品了他的最後一部無聲影片《摩登時代》，標誌著無聲影片的澈底結束。

在愛迪生的一生當中，電影的發明在他所有的發明中占有著重要的地位。從一開始，愛迪生就認知到電影技術在文化和社會生活方面的重要作用，不僅肯定了電影在藝術方面的重大意義，還是一種重要的教育工具和教學方式。愛迪生花費了很大的精力來專門研究電影，為電影事業的興起和發展奠定了重要基礎。

一九二四年，在愛迪生七十七歲的壽辰上，那些與電影事業相關的人為了表示對愛迪生的敬意，舉行了盛大的宴會。在宴會上，愛迪生說：

「對於電影的發展，我只是在技術上出了一點力而已，其他都是別人的功勞。我希望大家不要只拿電影來賺錢，也應該為社會做出一些有益的貢獻。」

這番真誠的話語，讓在座的人都感動不已。

不論愛迪生如何謙虛，他在美國電影發展初期依然占有舉足輕重的地位。就像約翰．默塞爾所說的那樣：

「我們必須承認，在美國，是愛迪生公司最先生產商業影片的。」

當然，愛迪生的那些助手們，也為建立美國電影工業付出了龐大的心血和努力，正如美國著名電影導演、電影史作家路易斯．雅各所說：

「電影，在實驗室中誕生，被組合起來作為一種表達工具，用以作為廣大群眾的娛樂，又是在科學家、藝術家和企業家合作之下才得以發展的。各個方面的人們對電影的興起，形成它的特色和加強它的效果，都做了貢獻。」

第十六章　有聲活動電影的出現

（三）

第十七章 多方面的嘗試與探索

我平生從來沒有做出過一次偶然的發明。我的一切發明都是經過深思熟慮和嚴格試驗的結果。

——愛迪生

第十七章 多方面的嘗試與探索

（一）

（一）

自從邁上發明之路，愛迪生就有著過人的智慧和旺盛的精力，再加上興趣廣泛，因而經常有些「一心多用」的舉動。

自從自動選票記錄機發明成功後，愛迪生逐漸累積了深厚的電學知識，從而使多通路的電報系統研製成功。隨後，他又順理成章的從電報領域進軍電話行業、電燈行業以及留聲機行業等。而留聲機的功用，又激發愛迪生發明了電影攝影機。

在這個以電力為基礎的發明系統中，愛迪生幾乎沒有失敗過。這一系列舉世聞名的成就，相互間都有著千絲萬縷的關聯，從而構成了一條完整的發明軌跡。

自從一八八〇年代起，愛迪生逐漸開始脫離這條軌道，不斷向自己不熟悉的領域進軍。

在西元一八八〇年時，愛迪生在為發明電車做準備時，曾與幾位同事一起到長島一帶進行考察旅行。在這裡的海灘上，愛迪生發現了一片黑沙。這些在陽光下閃耀著異樣光芒的沙子，讓愛迪生莫名其妙的有點心動。他將一部分黑沙樣品帶回了實驗室。

經過試驗，愛迪生發現，這些細微的沙粒可以被吸附在磁鐵上面。這時，一個大膽的念頭在他的腦海中浮現出來：如果用磁鐵來分離礦粉和雜質，採礦選礦不就能更加簡單快捷了嗎？如果建立一家粉礦廠，專門用這種方法選礦，一定可以獲利。

不過，在進行分離礦粉和雜質的實驗中，每次試驗都因技術限制而失敗。但愛迪生覺得這正是自己應該努力解決的問題。因此一八八〇年底，他向專利機構呈交了一份磁鐵檢礦機專利。

第二年，愛迪生就在長島南岸建立了一家小型的實驗工廠。然而開工沒多久，颶風突然來襲，幾個小時內礦石就全部被搬了家，工廠也在颶風中消失了。

其後，愛迪生又在羅德島建起了第二座工廠，可生產出來的礦石並沒有達到預想的品質標準。

由於一時找不到解決問題的方法，而且此時電燈和電力系統的研製安裝工作也進入了關鍵階段，這個專案只好暫時擱置下來。

隨著工業的發展，鋼鐵的需求量大大增加。到西元一八八九年，愛迪生再次決定進行鐵礦的經營。因為這時愛迪生通用電氣公司已經成立，這樣他不但獲得了大量的資金，時間也相對空閒下來，採礦工程又在他心中蠢蠢欲動了。

愛迪生在紐澤西州的北部買下了一千兩百萬平方公尺的原始林地，在這裡建起了一個大型的礦區，人稱愛迪生村。經過勘測，礦區的地下埋藏著兩億噸的鐵礦石。而另外一塊六千四百萬平方公尺的地面下，還有十億噸的鐵礦石。

經過科學的估算之後，愛迪生認為，如果能高效開採這裡的礦石，那麼冶鍊出來的優質鋼鐵足夠美國鋼鐵業使用七十年之久了，這樣磁鐵選礦工廠就將為他帶來遠比他現有發明所創造的更為豐厚的利益。

根據愛迪生的設計，第一道粉碎礦石的工序由機器來完成，其他各道工序則由傳送帶來連

第十七章 多方面的嘗試與探索

（一）

接。用來粉碎礦石的機器由幾根巨型壓輥構成，並以每小時九十六公里的速度飛轉。當巨大的礦石被送入機器後，壓輥立即將其粉碎成為籃球大小的石塊，然後被傳送帶送入下一道工序。再經過幾輪輾壓後，巨大的礦石就變成了粉末。這時，再透過四百八十塊磁石進行分離提煉，最後精選出的礦粉將被加工成為礦粉磚。

與此同時，愛迪生還在這裡建造了一座獨立的礦粉加工廠，以每秒鐘一塊的速度生產礦粉磚。

對這項工程，愛迪生投入了很大的熱情和精力。他經常不顧危險親自到現場指揮操作。有一次，他正在檢查一台機器的運轉情況時，突然一塊墊圈斷裂了，彈簧將一根鐵棍彈到天花板上，又呼的直落下來。愛迪生根本來不及躲避，眼睜睜看著鐵棍落在距離他不到三公分遠的工作台上。工作台上五公分厚的木板被砸穿了。

「死神剛才摸了一下我的鼻尖。」愛迪生驚魂未定後，用手比劃開起了玩笑。

愛迪生採用的新的選礦法，不僅鐵礦品質比那些用舊式機械生產得要好，而且比原來磁鐵礦的售價低了許多。對於這些，鋼鐵公司都看得很清楚。開始營業的第一天，鋼鐵公司就訂了一萬噸，以後也在不斷訂貨。

對此，愛迪生很開心，他在後來回憶這段生活時說道：

「這五年的生活，是我一生中最愉快的時光。在這裡，我可以拚命工作，不會受到任何瑣事的干擾。這裡還有清新的空氣和清淡的食物，一切都讓我感到滿意。大家在這裡學到了很多東西，總有一天我們會用它為人類造福。」

創業的過程是美好的，然而結局卻讓人大為失望。

平心而論，這一次並不是愛迪生的工程技術出了問題，他的粉礦廠其實是成功的，全部工程也都在按照計畫進行，成本核算也達到了預期的標準，源源不斷的訂單也將會給他帶來龐大的利潤。但是，在西元一八九〇年，明尼蘇達州的蘇必利爾湖被探勘出有龐大的鐵礦。這些鐵礦不僅品質高、分布廣，而且可用成本更加低廉的露天採掘方式開發。因此，鐵礦石的價格馬上降了三分之一，這就迫使愛迪生不得不以低價出售他的礦磚，但還是於事無補，這次愛迪生整整虧損了兩百萬美元。

整項工程的資金來源大部分都是愛迪生出售通用電氣公司的股票得來的，現在礦廠倒閉了，股份也沒了，愛迪生不僅耗盡了全部的財產，還欠下了大量的債務。

而此時，通用電氣公司的股票價格已經上漲了一倍。如果換了別人，或許會捶胸頓足悔不當初，可是愛迪生卻表現得出處變不驚的鎮定和豁達，他說：

「算了，一切都過去了，這筆錢花得可真痛快！」

礦山事業的失敗，幾乎將愛迪生推入人生的深淵，但堅強的愛迪生卻並沒有被打敗。他像許多年輕人一樣，繼續憑著熱情勇往直前，再度邁向璀璨的發明旅程。正如他的同伴馬妻里所說：

「在愛迪生的態度上是找不出特別的失望情緒的。他總是期望著未來，總是考慮著如何解決目前的處境，如何利用我們花了極大代價換來的知識。」

（二）

進軍採礦業雖然失敗了，但愛迪生卻由此改進了一些礦石加工技術，並從中累積了採礦業的經驗。這為他日後在水泥製造業的成功奠定了基礎。

水泥是由英國石匠約瑟·阿斯普丁（Joseph Aspdin）在西元一八二四年最初發明的。水泥的顏色像英國波特蘭島產的石灰石，因此稱「波特蘭水泥（Portland Cement）」。這種水泥由天然含黏土的石灰石碾製而成，因此凝固較慢，凝固後較堅硬。不過這種水泥不但粗陋，用途也頗受限制。

到西元一八二七年，美國賓夕法尼亞州科普雷的舍勒等人開始仿製水泥。在工程師懷特用自然水泥修築伊利運河後，效仿者也日漸增多。

到二十世紀初，人造水泥大大盛行。僅僅一九〇二年，美國就計劃生產水泥約一千七百二十三萬桶。

水泥的需求日益增加，讓愛迪生再次看到了商機。

在西元一八九八年時，愛迪生就在西奧蘭治西部七十二公里處的森林中發現了水泥，於是立即購買下三百萬平方公尺儲有水泥石的土地。此外，愛迪生還閱讀了大量水泥製造方法的書籍，並收集了多方面的資料。接著，他不眠不休的畫出了工廠設計圖，並命人按照設計圖建設工廠。

一九〇二年，愛迪生的水泥工廠開始生產水泥了。從不循規蹈矩的愛迪生在水泥生產上也別出心裁。當時的業界普遍認為，磚窯的長度不能超過十八公尺，可是愛迪生卻偏偏將它延伸到三十四公尺。他還利用選礦廠累積的經驗改進了水泥的碾磨工序，又用大型氣鏟取代小車來運送水泥石，從而大大提高了生產效率。

水泥的日產量逐漸上漲。剛開始時，愛迪生水泥廠的日產量是九百桶。後來愛迪生繼續改良了許多生產水泥的細節技術，產量也不斷提高，後來達到了日產一千一百桶。到一九〇五年時，愛迪生的水泥廠已經成為全美第五家最大的水泥廠了，日出產達三千桶。

水泥公司的利潤很大，愛迪生當年開採鐵礦所欠下的債務不到三年就全部還清了。

「為什麼要建造如此之大的水泥廠，生產如此之多的水泥呢？」有些人對愛迪生的舉動很不理解。

「未來的電車和汽車終將代替馬車，土路已經完全不適應新美國的發展步伐。而水泥，正是重新建造馬路的不可或缺之物。」愛迪生的回答，再一次展現了他睿智的一面。

愛迪生用他豐富的想像力拓展了水泥的用途。經過幾次嘗試後，他成功的用水泥鋪設了幾公里長的道路，後來這條道路一直沿用了半個世紀。

另一個項目就是建造水泥房屋。這是採用先造好房屋架構，安裝鋼筋，然後灌注水泥的方法。按照愛迪生的預想，實際操作起來只要六小時即可完成。並且估計建造一棟六間房屋的房子，只需要三百美元左右即可。建造的模型也可以重複使用，這樣就能節省不少費用。

後來，「愛迪生式建築法」帶來了一次建築界的革命。此後，各處的大樓、工廠等大型建築，

第十七章 多方面的嘗試與探索（二）

都紛紛採用這種方法。

一九〇八年，愛迪生提出了這種房屋的專利申請。在他的專利書中，是這樣描述他理想中的房子的：

「它的所有構件，包括山牆、房屋、間隔、澡盆和地板等，都用水泥混合物製成……我認為它最適用於民居……住宅中的台階、壁爐飾板、天花板等內部裝飾，都可以在房屋澆築過程中一次成型，與房屋形成整體結構。」

不過，愛迪生的目標並沒有實現，原因是這種方法雖然簡便，但樣式卻大同小異，千篇一律。而人們的習慣不同，要住的房子樣式也不同，所以相同樣式的房子就不太受人們歡迎了。

「愛迪生式建築法」雖然在當時沒有得到推廣使用，但這並未讓愛迪生放棄在這一領域的工作。他繼續改進水泥的生產，擴大提高生產廉價水泥的技術。時至今日，現代科學改進了許多建築模具樣式和使用方法，而「愛迪生式建築法」也已得以推廣使用。所以說，愛迪生在這方面還是為人類做出了很多貢獻的。

（三）

在愛迪生漫長的發明生涯中，最費心的就是電池的發明。他在電池的發明上整整用了十年的時間，並耗費了三百萬美元的鉅資，而做實驗的次數也多達五萬次之多。

在十九世紀末期，電力普遍用於工業，美國工業生產的各個部門都出現了龐大的變革。電動機和電氣製造業發展成為美國新興起來的重要工業，許多大城市都建成了大型發電廠，為工業、電信事業、電車和電燈照明等提供電力。

而要用電，自然是先要有電源。當時的電源來源主要靠兩方面，一是發電機，另一個就是蓄電池。發電機雖然有取之不盡的威力，可是體積太大，攜帶不方便；比起發電機，蓄電池小巧玲瓏，十分輕便，可是它又不能使用很長時間。

蓄電池最早是由義大利人發明的，只是性能不完善，沒什麼實際的用途。西元一八八〇年，法國人普蘭特（Raymond-Louis Gaston Planté）經過研究發明了新型的蓄電池，也就是所謂的「鉛蓄電池」，比之前發明的蓄電池優秀得多。但這種蓄電池也有兩個缺點：一是鉛本身太重，二是蓄電量太少。

為此，愛迪生決定發明一種新型的蓄電池，要體積小，便於攜帶；重量輕，一隻手就能拿起；要成本低，每個人都能買得起；還要電力足，能持續供電。

一九〇〇年初，愛迪生開始著手研究蓄電池。經過不斷試驗，他發現鉛蓄電池的病根在於硫

第十七章 多方面的嘗試與探索

（三）

酸溶液——硫酸。因此，愛迪生打算用一種鹼性溶液來代替硫酸。當然，還需要找到一種能與鹼性溶液發生化學反應的物質，用來代替鉛。

一旦下定決心，無論前面有多少困難，愛迪生都會毫不畏懼的前進。他對實驗室裡的助手們打氣說：

「只要我們用心去探索，慷慨的大自然一定會向我們展現蓄電池的祕密的。」

愛迪生又像上緊了發條的機器一樣高速運轉起來。他將工作人員分成兩班，分日夜兩班輪流倒鹼性溶液；而他自己還是老習慣，通宵達旦，堅持在工作職位上。

工作進行了五個多月後，實驗也進行了九千多次，卻毫無進展。一天，愛迪生的老朋友來看他，發現他坐在一張大工作台前，台上擺滿了他的化學家和實驗員們製作出來的數百種電池。愛迪生正在試驗每個電池的性能。

朋友見狀，惋惜的問愛迪生：

「你已經做了這麼多次試驗了，費去了這麼多的時間和精力，卻還是毫無結果，你難道不感到後悔嗎？」

「為什麼要後悔呢？我親愛的朋友，我已經知道有幾千種物質是不能用的了，這難道不是個好結果嗎？」愛迪生笑著回答說。

每次從失敗中不斷累積知識，不斷總結經驗，終於在一九〇二年時，愛迪生進行了一次使用自己發明的電池作為車輛動力的試驗，行程為八千公里，每充一次電可以運行一百六十公里。愛迪生對這次試驗做了驚險的描述，他說：

「每次到一個急轉彎時，我都以為要翻車。」

試驗結束後，愛迪生滿懷信心的宣布：電車將有遠大的前途，他要製造「一種性能良好的車」，這種車的時速應達到四十公里，並且不用擔心更快的汽油車與之競爭。

一九〇三年，愛迪生又將蓄電池放在振動台上反覆試驗，還將蓄電池放在屋頂上，然後穿過窗戶將它扔到地下，看它是否會破裂；接著，他又將蓄電池裝在汽車上，然後讓汽車在紐澤西州崎嶇不平的山路上行駛。這樣試驗了幾個月，他的新型電池終於完成了。

一九〇四年，愛迪生在紐澤西的銀湖開始出售這種新型的電池。然而不久後，人們就發現這種電池存在的嚴重問題：有時在車輛行駛過程中，有些液體化學物質會從電池中流出來；許多電池還出現電力衰減的情況。

這些問題讓愛迪生意識到，他的電池研究工作還沒有結束。隨即，他下令關閉電池生產工廠，停止繼續製造，而他自己又再一次投入到實驗中去了。

這一次，愛迪生依然從頭開始，反覆試驗，尋找電池的毛病根源。到一九〇五年夏天，愛迪生的試驗紀錄簿上的新數字已經是一萬零兩百九十六次了。

兩年很快就過去了，成功似乎還遙遙無期。這時有人暗地裡嘀咕：

「要解決不用鉛製造電池的問題，恐怕是無法可想的了。」

對此，愛迪生冷笑一聲，說：

第十七章 多方面的嘗試與探索

（三）

「任何問題都有解決的方法，無法可想的事是不存在的。要是你果真弄到無法可想的地步，那只能怪你自己是懶人。」

正是由於具備這種「無法可想的事情是不存在的」頑強精神，愛迪生才能歷經艱難，信心百倍的堅持到底。他不能容忍自己出現悲觀失望的思想，主張竭盡全力對一個問題的各個方面進行風馳電掣一般的突擊，也主張勝利是全力以赴去贏得的。

一九〇九年，愛迪生終於製成了一種相當理想的鎳鐵鹼電池。第二年，這種電池就投入了大規模的生產。

這一次，蓄電池的優良性能大大出乎人們的意料。這種用薄鎳片製成的蓄電池充一次電可讓汽車行駛一百六十公里，而一般的鉛蓄電池只能供行駛八十公里。而且，這種電池不會因為過量充電而損壞，使用壽命相當於鉛蓄電池的數倍。因此，在一段時間裡，電車幾乎要成為汽油車的主要競爭對手了。

愛迪生之所以能取得成功，與他的勤奮與堅持不懈有著龐大的關係。因為他願意用各種方法和材料進行大量的試驗，以便找到最佳的答案。他的一個朋友曾說道：

「愛迪生一生中如果只發明了這個蓄電池，他也是一個傑出的發明家，更是一個了不起的人。」

第十八章　永不消逝的光輝

凡是希望榮譽而舒適的度過晚年的人，他必須在年輕時想到有一天會衰老；這樣，在年老時，他也會記得曾有過年輕。

——愛迪生

（一）

一九一四年的一天，西奧蘭治工廠的膠片工廠意外的發生了爆炸，引發了一場火災。短短的幾分鐘，整個廠區就被一片火海淹沒了。

大火無情的吞噬著一切，人們驚慌失措的向外跑去。聞訊趕來的查理看到實驗室燃燒著熊熊大火，發瘋一般的尋找著父親愛迪生。

忽然，他看到父親正站在不遠處，神色平靜的看著眼前肆虐的大火，眼睛裡跳動著火焰一般的光亮。

愛迪生看到兒子查理後，大聲喊道：

「快去叫你母親來，她恐怕這輩子都沒見過這樣的場面！」

查理驚詫於父親現在還有心思開玩笑。他心情複雜的站在父親旁邊，清楚的感到父親的身軀裡正湧動著一股強大的力量。

大火終於被撲滅了，但實驗室也在大火中被夷為平地。

一家人都神色黯然。愛迪生已經是六十多歲的老人了，這場火災將他一生辛苦創建的基業毀於一旦。對一般人來說，這簡直是致命的打擊了。妻子米娜和孩子們不知道該怎樣安慰愛迪生。

這時，愛迪生反而主動安慰大家說：

「這場火災並非一無是處。雖然燒毀了有用的東西，但我以前工作中所有的謬誤也被燒得一乾二淨了！感謝上帝，這正好可以讓我從頭再來。」

說著，他低頭從廢墟中撿起一個燒焦邊框的相框。相框的玻璃已經碎裂了，可是照片卻完好無損。愛迪生指著照片上的自己，笑著對大家說：

「你們看，我毫髮無損。」

第二天，實驗室的重建工程就開始了。愛迪生在家裡臨時搭建了一個簡陋的實驗室，重新開始工作。

然而，這場大火的濃煙剛剛消散不久，第一次世界大戰便爆發了，整個歐洲瞬時變成一個龐大的作戰地區。美國是中立國，社會輿論也基本上都贊同政府的這一立場。

對這次戰爭，愛迪生也發表了自己的意見，表現出了自己的和平主義精神，認為他的國家參加屠殺人類的戰爭是不能被容許的。

但當德國開始無限制的潛艇戰後，美國開始準備參戰。一九一七年四月，美國對德國宣戰，這對戰爭的結束發揮了一定的作用。

早在一戰爆發初期，美國就已感到許多變化。比如，化學材料不足，因為這些材料在和平時期多是從德國進口的，尤其是石炭酸（酚）和苯十分缺乏。

石炭酸適用於製造唱片，所以這一工業部門在戰前就是石炭酸的最主要消費者，而愛迪生的唱片事業也因此受到了嚴重影響。

而且戰爭爆發後，對石炭酸的需求更是猛增，因為石炭酸是生產苦味酸鹽所必需的，從石炭

第十八章 永不消逝的光輝

（一）

酸中可以製造出烈性炸藥，即苦味酸鹽，尤其是製造出具有龐大破壞力的三硝基酚。一九一四年九月，美國的石炭酸和苯的儲藏量不夠使用一個月。

從德國進口的石炭酸是從煤焦油中提煉出來的，愛迪生決定研究出生產合成石炭酸的方法。以愛迪生的個性，他是不會坐等唱片公司倒閉的。

連續奮戰了三天，仔細研究了石炭酸的各種合成方法後，愛迪生最終選定了硫酸工藝，然後他開始四處聯絡化學劑製造商，詢問他們是否願意建立石炭酸廠，為他供貨。然而結果是，所有的製造商都不願意冒這個風險。

求人不如求己，愛迪生決定自己親自開工廠。他聘請了幾十位化學專家，將他們分成三組，二十四小時輪流在實驗室進行試驗。僅僅用了一週時間，他們就制定出了完整的工程計畫。愛迪生雷厲風行的選好了廠址，開始建廠。工廠投入生產不到二十天，就生產出七百磅的石炭酸，不僅滿足了唱片公司的需要，多餘的還被其他廠家搶購一空。

初戰告捷後，愛迪生敏銳的意識到，戰爭期間化工產品肯定會嚴重短缺。此時，美國工業協會也向他求援。於是，愛迪生不久後又開設了製苯廠、染料廠等，生產各種戰時必需品，打破了長期以來德國壟斷染料市場的壟斷，為此還招致德國人的不滿。

（二）

在這期間，美國海軍看中了愛迪生的蓄電池，嘗試著將其用於新式潛艇 E2 上面，並在一九一五年任命愛迪生為海軍顧問委員，出席委員會。

愛迪生對這個職務很重視。他帶著一腔愛國熱情，決心盡其所能，做出一些推進海軍技術裝備和作戰能力的事情。可惜事與願違，一九一六年，潛艇 E2 發生爆炸，五名士兵喪生。儘管事故的責任在於潛艇上的工作人員疏於安全防範措施，但海軍當局卻將責任歸咎於愛迪生為他們提供的蓄電池洩漏氫氣。這場事故也澆滅了海軍當局對愛迪生的熱情。但愛迪生卻渾然不覺，依然熱心的向海軍獻計獻策。

一九一七年，美國加入協約國對德宣戰。

美國參展後，愛迪生積極致力於研究偵測敵軍潛艇的方法。他打電話給普林斯頓大學校長，請求他派四名物理學家來協助自己解決研究中遇到的問題。

在炮火紛飛的戰爭年代，愛迪生的發明研究也取得了豐碩的成果，他先後研製出了魚雷機械裝置、噴火器、水下探照燈、窺聽潛艇器、化學反應彈、黑夜望遠鏡等幾十種海軍防禦武器。

關於海戰方面，愛迪生提供了許多設想，並為其做了大約四十項發明，而且每項發明都很成功，可是海軍方面對他的努力卻壓根兒不感興趣。愛迪生的那些發明，海軍部一項也沒採用，最後都閒置起來。

第十八章 永不消逝的光輝

（二）

一九一八年十一月，第一次世界大戰結束後，愛迪生是唯一獲得海軍部「特殊勳章」的平民。不過，愛迪生還是辭去了海軍顧問委員會的職務，重新返回研究實驗室工作。

多年後，愛迪生對與美國海軍打交道的這幾年有些耿耿於懷，他說：「在戰爭期間，我做出了大約四十項發明，但他們全都置之不理。那些海軍不喜歡我們老百姓插手管他們的事情。」

一九一五年秋，愛迪生到舊金山參加泛美博覽會。在博覽會上，愛迪生與老朋友亨利．福特重逢。兩人欣然接受了輪胎製造商哈維．S．費爾斯通（Harvey Samuel Firestone）的邀請，一起結伴出遊。

此後，愛迪生與朋友們只要一有時間，就一起外出野遊。年已八十的博物學家約翰．巴勒斯（John Burroughs）也應邀參加了他們的旅行團。

在旅行期間，愛迪生最感到自豪的，就是他的發明成果為大家帶來了便利。每當他們在明亮的帳篷中喝酒聊天時，愛迪生就會忍不住提醒大家注意一下，是他帶來的一只蓄電池為露營地的照明提供了充足的電力。

在山地叢林中自由自在的穿行，這種親近自然的活動讓愛迪生感到身心愉悅。此後的幾年間，他們又一起出遊多次。

在一九二三年夏天的一次野營活動中，大家無意中聊到了一個話題，說現在全世界的橡膠市場都被英國在馬來西亞的橡膠園壟斷了。福特和費爾斯通鼓吹愛迪生對這一行業進行研究，以改變美國在這一行業的落後局面。

此時的愛迪生已經七十六歲了，可是面對這個富有挑戰的新領域，他的創業熱情依然不減當年，當下就與老朋友認真的探討起進行橡膠開發的具體方案。

四年後，愛迪生八十歲那年，愛迪生植物研究公司正式宣告成立。愛迪生用福特和費爾斯通投資的十八萬美元在邁爾斯堡買下了一片橡膠種植園地，並建立了一間專門的實驗室。他聘請了很多植物學家，委派他們到世界各地去搜尋可以提取乳膠的植物。

這一次，愛迪生依然像那些年輕人一樣，全心全意的投入到研究實驗當中。當有記者採訪愛迪生時，向他提出一些冒昧的問題：

「您到底還能堅持多久？」

愛迪生的回答是：

「我能活多久，就能工作多久。」

經過大半年的努力，植物學家們一共採集來三千多種植物樣本，愛迪生組織手下對這些樣本進行了仔細的研究分析。經過一萬四千餘次的試驗後，愛迪生最終用雜交的方法培植出了一種含有大量乳膠的菊科植物。

隨後，費爾斯通就從這種植物中提煉出了橡膠，然後用它們製作了四個輪胎，用在福特牌的旅行車上。三個老朋友用這樣的方式，來紀念他們這次成功的合作。

接下來，愛迪生要解決的問題就是如何降低橡膠的成本，讓它能夠真正適應市場的需求。對愛迪生來說，這並不是什麼難題，可是此時他卻顯得心有餘而力不足了。

一九二九年，八十二歲的愛迪生因年老體弱，身體越發嚴重的消化不良、腎功能失調症候群等疾病的困擾，迫使他不得不遺憾的放棄對這個項目的進一步研究開發。

(三)

一九二九年十月二十一日，是愛迪生發明電燈的第五十個紀念日。這一天，美國郵電部門特別發行了印有最初的碳絲電燈的紀念郵票，上面寫著：

「愛迪生的第一盞電燈。」

這時，亨利．福特已經在他的家鄉密西根州的迪爾本建起了一個歷史博物館，將愛迪生以前位於門羅公園的建築物按照原樣重新建立了一個展館。

這天上午，福特邀請愛迪生前往他的家鄉迪爾本，就連胡佛總統（Herbert Clark Hoover）夫婦都從華盛頓特地趕去了。他們一行乘坐十九世紀以木頭作為燃料的列車前往福特歷史紀念館。在短暫的旅途中，愛迪生重溫了自己的童年生活。他拿著列車服務員的籃子，用微弱的嗓音向他的同行者們吆喝著：

「糖果——報紙——」

列車進站後，總統親自攙扶著愛迪生下車，他們一同訪問了福特的歷史博物館。晚上，大家被安排到紀念館的「實驗室」中，觀看一次具有特殊意義的活動——透過收音機現場直播，再現五十年前愛迪生第一次點亮電燈時的情景。

一切準備就緒後，愛迪生開始對工作人員下令：

「開始！」

第十八章 永不消逝的光輝

（三）

愛迪生的聲音明顯已經很蒼老了，但卻依然鏗鏘有力。與此同時，工作人員將一個燈泡交給愛迪生，愛迪生起身將它接通電源，然後輕輕的打開電源的開關。

一盞燈亮了。緊接著，附近的電燈都一下子全部亮了起來，並且越來越亮，直至亮如白晝。同時，美國數十座城市也為紀念愛迪生的偉大功績，而讓所有的電燈大放光明。

在宴會室內，長方形的餐桌一字排開，遠遠的一端是主席的座位，中間的榮譽座是總統夫婦坐的，不過總統夫婦卻執意讓愛迪生夫婦坐在首席上。

宴會上，胡佛總統還發表了重要的演說，高度讚揚了愛迪生偉大的一生，及其為人類所做出的傑出貢獻。

這是一次盛大的宴會。在美國乃至全世界，都沒有哪個平民能夠享受到如此的盛譽，各式各樣的人物──金融家、政治家、科學家、各國使節、商業鉅子、大學教授、藝術家……都紛紛發來賀電向愛迪生表示祝賀。

在宴會上，愛迪生緩緩站起身來，對來賓及世界各地關心他的朋友們表示衷心的感謝。可說著說著，他的聲音忽然減弱，呼吸也逐漸變得粗重，身體也慢慢向一側倒下。

大家急忙將愛迪生抬到隔壁的休息室，休息了好一陣子，他才漸漸好轉。

從迪爾本回來後，愛迪生的健康狀況便每況愈下。他去工廠的次數也少了，工作時間也比以前縮短了許多，對工廠事務的控制權也漸漸轉交給自己的助手。

一九三一年八月，愛迪生的病情加重。經過診斷，醫生認為他患上了關節炎、尿毒症和糖尿病等病症，猜測他支撐不了多久了。

令人驚奇的是，不久後愛迪生竟然度過了危險期。又過了些日子，他每天下午驅車外出的習慣也重新恢復了。

九月初，愛迪生的病情再次進入危險期，但他再次度過難關。十月四日，醫生斷定他的病是無法挽回了。在這期間，每天都有大量的電報和信件來詢問他的健康狀況，也有世界各地的人來探望他，胡佛總統還叮嚀每天要用電話告訴他愛迪生的病情。

九天過去了，愛迪生幾乎滴水未進。在一百二十多個小時中，他只飲過六小湯匙的梨汁。愛迪生已經完全陷入了昏迷狀態。

一九三一年十月十八日，星期日，凌晨三點二十四分，發明大王愛迪生走完了他八十四年的偉大人生旅程。

愛迪生去世的消息很快就傳遍了全世界，許多報紙也刊登了這一消息。聽聞發明家愛迪生去世的消息後，全世界人民都沉浸在悲痛之中，唁電像雪片一般從美國各地、從世界各國紛飛而來。與此同時，愛迪生的家屬和美國也收到了數以千計，有關如何紀念愛迪生的各種建議。

十月二十一日，在電燈問世第五十二個紀念日裡，愛迪生被安葬在格倫蒙特離他家不遠的一棵大橡樹下面。

當天晚上，全美人民以一種特殊的方式向這位偉人告別。除了關鍵地方的信號燈標誌之外，美國境內的所有燈光全部熄滅一分鐘。

一分鐘後，從東海岸到西海岸，從城市的鄉村，花燈齊放，天地通明！

愛迪生雖然離開了，但他的卓越功績卻永遠留著美國人民乃至全世界人民的心中。他對人類的文明與進步做出了龐大的貢獻。他一生的發明，在美國取得專利的就有一千零九十三項，其他發明和海外專利加起來多達兩千多項。

同時，愛迪生也為人類創造了龐大的物質財富。據一九二八年的調查顯示，全世界的資本用在與愛迪生發明相關的事業上，數目可達一百五十七億兩千五百萬元。

正如美國總統胡佛為愛迪生獻上的悼詞所說的那樣：

「所有的美國人都是愛迪生的受惠人！我們不僅在生活上接受了他的恩惠和利益，最重要的是我們繼承了他的精神遺產！……愛迪生教給我們的是：只要努力不懈，必可達到目的。這就是他賜給我們的最為寶貴的遺產！」

第十九章　偉大的夢想家

如果一個人的事業不能充分的為他說話，他最好是緘默。大多數的人都說得太多了，如果只有那些確實有點東西去說的人才說話，則說話必減少而生產力增加。

——愛迪生

第十九章 偉大的夢想家

（一）

人們常說，愛迪生是他那個時代最偉大的天才，歷史上只有為數有限的幾個人才能像第一盞電燈的發明者那樣，極大的改變了人們的生活。但當愛因斯坦等科學家稱愛迪生為「一位發明的神」、「一位能生產的天才」，而將他列為世界偉人時，愛迪生卻深感不安，他甚至對「天才」二字感到憎惡。他說：

「將自然界的奧祕取出來運用在為人類謀求快樂上——當我們在今世最短促的時光中，我不知道有比這樣更好的服務。」

他還反駁那些稱讚他是天才的人說：

「這完全是假話！艱苦的工作才是實在的。我的發明是靠實踐得來的，絕不是什麼天才。」

可以說，愛迪生既是一位天才的夢想家和夢想的實踐者。早在童年時代，他就對大自然的奧祕充滿興趣，並經常想要去了解、揭開這些奧祕。

愛迪生喜歡思考問題。他認為，思考能讓人開心和快樂。對於每一件事，他的設想都十分豐富。當他傾心於選礦事業時，由於要設計一種機器，他畫了三張設計圖交代技師。那些圖都只是表示概要，並沒有完全畫好，技師向他表示，依據這些圖是無法造出機器的。愛迪生也不與技師辯論。過了兩天，他對於要製造的機器做了四十八張設計圖，然後默默的擺在技師面前。設計師依據其中的一幅圖，果真造出了機器。

愛迪生不但喜歡思考，還十分喜歡工作。在他七十五歲時，有人問他什麼叫生活？他笑著回答說：

「工作。發現大自然的祕密，用大自然為人類造福。」

在發明過程中，愛迪生從來都是不怕麻煩、不怕困難、不怕失敗，對生活始終都充滿了樂觀的心態。愛迪生的助手們說：在研究上，不論遭到怎樣的失敗和挫折，愛迪生都從不灰心。因此，他的發明也像吃飯一樣，一天都不能少。一直到臨去世時，他還在繼續從事發明，尤其發明「和平利器」為其終生的願望。

對於大多數人來說，耳聾會帶來許多害處和不便，但愛迪生卻對自己的耳聾不以為然，甚至還將其變害為利。耳聾後，他經常幽默的對人說：

「耳聾是一種福音。」

事實上，愛迪生只是聽力受到了阻礙。這種疾病對於他鑽研業務可能也是有利的。他後來在回憶自己當電報員時，曾這樣說道：

「我可以毫無誤差的聽出自己電報器的發聲節奏，卻聽不到其他分散注意力的聲音，甚至也聽不到大房間內身旁同事的電報機聲。」

後來，當愛迪生研製早期貝爾電話時，由於聽覺的不靈敏，他不得不做出改進電話的決定，最終創造出了迄今為止仍十分重要的碳精電極麥克風與響鈴接收器。

耳聾也促使愛迪生發明了留聲機。對此，愛迪生說：

第十九章　偉大的夢想家

（一）

「純粹是耳聾促成我完善了對這種機器的試驗。在製作鋼琴曲唱片的問題上，我足足用了二十年的時間，因為鋼琴曲充滿了泛音，所以我能製作出來——正是由於我的耳聾。」

（二）

雖然愛迪生不是一個驕傲的人，但卻不太願意接受別人的意見。他雖然注意利用別人的研究成果，但卻絕不迷信權威。在改進發電機時，他就曾向一位電學權威挑戰。他也不相信當時流行的什麼「電機普遍規律」，他說：

「如果按照這樣的規律設計發電機，那麼電機效率只有百分之五十，電燈的使用費用將是昂貴的，那能有多少人用得起電燈呢？我要用實驗證明，發電機的效率仍然是可以提高的。」

為此，愛迪生不怕權威的譏笑和奚落，最終經過自己的努力不懈，研製出了效率高達百分之九十以上的發電機。

愛迪生的一生，不僅與桀驁不馴的電器對抗，還與各種陳腐的宗教觀念搏鬥。一九一〇年秋季的一天，有人問他：

「上帝對你意味著什麼？」

愛迪生聽到這個問題，不屑的說：

「一個有人性的上帝對我毫無意義。」

他還宣稱，自己「是一切迷信的敵人」、「聖經是胡說八道」。

愛迪生的話傳到教會後，立即在宗教界掀起了軒然大波。一些教徒不僅謾罵詆毀愛迪生，就連他家中的信箱裡都充滿了殺氣騰騰的來信。

第十九章 偉大的夢想家

（二）

但愛迪生對教會的這些攻擊恐嚇毫不懼怕。他說：

「我並不為我的攻擊擔心，我說的是真話，我從來沒有看見過天堂和地獄。上帝關於個人未來道路的理論，沒有絲毫科學證明。證據！證據！這才是我經常要追求的。」

愛迪生還是個十分富有想像力的人。他認為，任何一個願意觀察、學習和思考的人，都可以有好的想法。他還相信，每個人都應該盡可能注意觀察我們所處的世界和大自然，去思考他們所看到的事物。他認為，一個人越勤於思考，思考就會變得越容易。他還說：

「如果你在年輕時不學會思考，你也許永遠都不會思考。」

愛迪生也十分熱愛學習。他認為，學習特別值得肯定，因為自己的大部分知識都是靠自學而來的。因此，在學習方面，愛迪生一直都非常刻苦，甚至是樂此不倦。著名汽車大王亨利．福特在《我所認識的愛迪生》一書中這樣寫道：

「就我所知而論，他不僅對於一切事物都發生興趣，而且對於一切事物他都是專家。人人都知道他是科學家，但在我第一次和他旅行時，以及後來的旅行中，每次和他見面時，我都驚奇的發現他對於飛鳥、樹木、花草的廣博知識，並且完全明瞭地質學和天文學。他的歷史和政治知識也很廣博。他對於藝術極有興趣，而尤其羨慕於希臘藝術和建築藝術的樸素。他手畫的直線和圖樣都含有美感。」

對於學習這件事，愛迪生自己也說過：

「我不追想過去，只為了今日和明日生活。我對於科學、藝術、企業及其他一切東西，都充滿了興趣。天文學、化學、生物學、物理學、音樂、哲學、機械學等等，我什麼都讀。只要是有關於世界進步的，什麼學問我都不憎惡。我讀科學學會的刊物，讀商業的新聞，又讀關於戲劇的東西，讀關於運動的東西，我也因此得以理解世界。我跟著世界大勢行走，但書籍給予我一瞬間的慰藉，真當感謝！」

據愛迪生自己說，他對於自己讀書的定額是：每天讀三本書。而愛迪生讀書也有自己的特點，那就是善於在短時間內精通一個方面的內容，將前人和當代人達到的水準掌握到自己的大腦中。

每當要進行一個試驗時，不管在理論方面面臨多大困難，愛迪生都先把凡是可以借到的相關著作集中起來，然後一本一本啃讀，最後再做試驗。

在試驗過程中，愛迪生也會將遇到的各種問題和新的發現認真記錄下來。比如，關於蓄電池的試驗，他就記錄了五萬多次。

愛迪生的助手還講述了這樣一件事：

在研製打字機的一個部件時，愛迪生與所有的製造商約好，讓他們某一天將各種打字機的樣式都送過來，並分別派代表前來予以解釋說明。同時，他又從圖書館把有關這個機器的書籍全部借來，並集中精力閱讀了一遍。

第二天，當製造商派來的代表到來後，愛迪生就對他們頭頭是道的講了起來，甚至還為他們畫出了示意圖，讓那些專家代表們一個個目瞪口呆。

第十九章 偉大的夢想家

（二）

愛迪生的助手目睹了這件事後，曾把愛迪生那個晚上讀過的書借來通讀一遍，結果竟用了十一天的業餘時間。

（三）

愛迪生一生都醉心於科學研究，對自己的私事卻常常毫不在意。可以說，他在七十三歲以前從未好好睡過覺。即使到了晚年，他每天的工作時間仍然不少於十六至十八個小時。

愛迪生一做起試驗來，就會忘記睡眠和休息。偶爾實在疲乏堅持不住時，才稍事休息片刻。因此，他也非常喜歡找和他有同樣精力的人擔任他的助手。

一次，有個自稱無眠的人來到愛迪生的實驗室找工作。愛迪生對這個人很感興趣，認為這個人可以成為他最理想的助手，於是聘用他過來工作。

可是，在連續工作六十個小時後，這位自稱「無眠」的助手再也支持不住了，倒頭便睡，就連機器出現故障，發出龐大的轟鳴聲也沒能驚醒他。而此時，同樣六十個小時沒有休息的愛迪生卻仍在孜孜不倦的工作著。

當時，愛迪生不倦工作的精神是遠近馳名的，許多人因此也很羨慕他。有一天，愛迪生接待了一位來訪者，這位來訪者一定要愛迪生說明一下他工作不知疲倦的「祕訣」。

愛迪生覺得這個人的請求很好笑，因為他不倦工作本來就沒什麼祕訣。但為了應付這個人，他順口說了一句笑話，告訴那位來訪者說：

「每天早上吃一隻兔子或許能辦得到。」

結果那人對愛迪生的玩笑信以為真，回去後果然照此進行。

第十九章 偉大的夢想家

（三）

可是六個星期以後，這個人已經被工作累得大病一場，起不了床。

愛迪生平時也不是個講究修飾的人，經常穿著破舊的、被化學藥物染髒了的衣服，而且這種習慣到老年時尤其明顯。平常人都以為他是個普通的路人，報紙也常會刊載一些諷刺他的文章。但這恰好有力的證明了這樣一個事實：愛迪生將他全部的心血和精力都傾注在科學研究上了。

因此，愛迪生也為人類創造了大量的物質財富。一九二二年，據美國國會統計，愛迪生讓美國政府在五十年內的稅收增加了十五億美元。又根據一九二八年的調查，全世界的資本用在與愛迪生的發明有關的事業上的數目如下：

電車：六十五億元

電燈：五十億元

電影：十二億五千萬元

電話：十億元

電力輸送：八億五千七百萬元

電報：三億五千萬元

鋼筋綁紮工程：二億七千一百萬元

車輛工廠：一億九千萬元

收音機：一億五千萬元

電力：一億元

電氣裝置：三百七十萬元
無線電話：一千五百萬元
蓄電池：五百萬元

這些資料總共合計是為一百五十七億兩千萬五百元。由此可見，愛迪生對於現代物質文明產生的影響是何其重要！愛迪生在二十世紀世界上的地位，由此也可一目了然。

愛迪生的創造發明不僅在美國，在世界上也產生了龐大的影響。為此，美國以愛迪生為驕傲，美國國會還頒發了榮譽獎章給愛迪生。美國汽車大王福特也曾說：

「美國之所以是世界上最為繁榮的國家，是由於美國有一個愛迪生。」

美國的科學技術發展，大體上也是以愛迪生來劃出界線。在愛迪生之前，美國的技術基本是照搬歐洲的；而在愛迪生之後，美國才有了自己的技術。所以說，愛迪生也是美國技術發展轉折的一個重要標誌。

愛迪生生平大事年表

（三）

愛迪生生平大事年表

一八四七年二月十一日 生於美國中西部俄亥俄州的米蘭鎮。

一八五三年 六歲，隨家人遷往密西根州休倫市北部的格拉蒂奧特堡。

一八五五年 八歲，在小學讀書三個月後，被勒令退學。

一八五八年 十一歲，實驗了他的第一份電報。

一八五九年 十二歲，開始在火車上做報童。

一八六一年 十四歲，辦了一份小報《先驅報》。

一八六二年 十五歲，救了一個在火車軌道上即將遇難的男孩，獲得孩子父親的感激，開始學習電報技術。

一八六三年 十六歲，擔任鐵路斯特拉福特樞紐站電信報務員。

一八六八年 二十一歲，以報務員身分受聘於西聯公司，同年發明「電子投票計數器」，獲得生平第一項專利權。

一八六九年 二十二歲，與友人合設「波普—愛迪生公司」。

一八七〇年 二十三歲，發明股票報價機，出讓專利權，獲四萬美元。在紐華克自設製造廠。

一八七一年 二十四歲，與瑪麗．史迪威結婚。

一八七二至一八七五年 先後發明了二重、四重電報機，並協助別人發明了世界上第一台英文打字機。

愛迪生生平大事年表

（三）

一八七六年　二十九歲，在紐澤西州的門羅公園建立了一個實驗室——第一個工業研究實驗室。同年，申請電報自動記錄機專利。

一八七七年，三十歲，在門羅公園改進了早期由貝爾發明的電話，使之投入實際使用。同年，發明了其最為心愛的一個項目——留聲機。

一八七八年，三十一歲，宣布解決電照明的問題。同年，獲留聲機專利。開始進行發明電燈的研究。

一八七九年　三十二歲，改良發電機。發明高阻力白熾燈，連續點燃了四十個小時。

一八八〇年　三十三歲，獲得電燈發明專利權。同年，第一艘由電燈照明的「哥倫比亞號」輪船試航成功。十二月，成立紐約愛迪生電力照明公司。

一八八一年　三十四歲，紐約第五大街總部設立。在門羅公園試驗電車。

一八八二年　三十五歲，發明電流三線分布制。成立第一所中央廠。

一八八四年　三十七歲，妻子瑪麗病逝。

一八八五年　三十八歲，提出無線電報專利。

一八八六年　三十九歲，與米娜．米勒結婚。

一八八八年　四十一歲，發明全蠟圓筒型留聲機。

一八八九年　四十二歲，參加巴黎百年博覽會。完成活動電影機。

一八九一年　四十四歲，發明「愛迪生選礦機」，開始自行經營採礦事業。獲得「活動電影放映機」專利。

一八九三年　四十六歲，建立起世界上第一座電影「攝影棚」。

一八九四年　四七歲，在紐約開闢第一家活動電影放映機影院。

一八九六年　四十九歲，第一次在紐約的科斯特－拜厄爾音樂堂使用「維太放映機」放映影片。

GE奇異的誕生
從發明燈泡到製造火箭

一九〇二年　五十五歲，使用新型蓄電池作為車輛動力的試驗，行程八千公里。
一九〇三年　五十六歲，愛迪生公司攝製了第一部故事片《火車大劫案》。
一九〇九年　六十二歲，蓄電池研究獲得成功。同年，獲得原料機、加細碾機、長窯設計專利。
一九一〇年　六十三歲，發明「圓盤唱片」。
一九一二年　六十五歲，發明「有聲電影」。研製成傳語留聲機。
一九一四至一九一五年　發明石炭酸綜合製造法，自行製造苯、靛油等。
一九一五至一九一八年　為美國海軍完成了三十九件發明，其中最著名的是魚雷機械裝置、噴火器和水底潛望鏡等。
一九二七年　八十歲，完成長時間唱片。
一九二八年　八十一歲，從菊科植物中提煉橡膠成功。
一九三一年　八十四歲，十月十八日，愛迪生在西奧蘭治因病去世。十月二十一日，全美國熄燈以示哀悼。

愛迪生生平大事年表

（三）

官網

國家圖書館出版品預行編目資料

GE 奇異的誕生：從發明燈泡到製造火箭 / 潘于真 , 王志豔著 . -- 第一版 . -- 臺北市：崧燁文化 , 2020.10
面； 公分
POD 版
ISBN 978-986-516-489-8(平裝)
1. 愛 迪 生 (Edison, Thomas A., 1847-1931)
2. 傳記
785.28 109014973

GE 奇異的誕生：從發明燈泡到製造火箭

臉書

作　　者：潘于真，王志豔　著
發 行 人：黃振庭
出 版 者：崧燁文化事業有限公司
發 行 者：崧燁文化事業有限公司
E-mail：sonbookservice@gmail.com
粉 絲 頁：https://www.facebook.com/sonbookss/
網　　址：https://sonbook.net/
地　　址：台北市中正區重慶南路一段六十一號八樓 815 室
Rm. 815, 8F., No.61, Sec. 1, Chongqing S. Rd., Zhongzheng Dist., Taipei City 100, Taiwan (R.O.C)
電　　話：(02)2370-3310　　**傳　　真**：(02) 2388-1990
總 經 銷：紅螞蟻圖書有限公司
地　　址：台北市內湖區舊宗路二段 121 巷 19 號
電　　話：02-2795-3656　　**傳　　真**：02-2795-4100
印　　刷：京峯彩色印刷有限公司（京峰數位）

定　　價：320 元
發行日期： 2020 年 10 月第一版
◎本書以 POD 印製